高职学生管理新范式研究

石 英◎著

吉林出版集团股份有限公司

图书在版编目（CIP）数据

高职学生管理新范式研究 / 石英著．— 长春：吉林出版集团股份有限公司，2022.8
ISBN 978-7-5731-2161-5

Ⅰ．①高…　Ⅱ．①石…　Ⅲ．①高等职业教育－学生－学校管理－研究－中国　Ⅳ．①G718.5

中国版本图书馆 CIP 数据核字（2022）第 171473 号

高职学生管理新范式研究

著　　者	石　英	
责任编辑	郭亚维	
封面设计	林　吉	
开　　本	787mm×1092mm	1/16
字　　数	200 千	
印　　张	9.25	
版　　次	2022 年 8 月第 1 版	
印　　次	2022 年 8 月第 1 次印刷	
出版发行	吉林出版集团股份有限公司	
电　　话	总编办：010-63109269	
	发行部：010-63109269	
印　　刷	廊坊市广阳区九洲印刷厂	

ISBN 978-7-5731-2161-5　　　　　　　　　　　定价：68.00 元

前　言

　　进入信息时代后，互联网技术发展迅速，使人们的日常生产生活有了较大的变化，各种网络文化、网络现象、网络用语盛行，大学生接触世界的途径变得日益广泛，在这样日益开放的社会空间格局下，高职变得不再像过去那样单一和简单，增加了高职学生管理工作的难度。在互联网时代下，学生有途径接受知识，传播渠道更加多样化，学生存在个性化的性格特征和差异化的思想政治面貌。在这种情况下，高职学生管理要紧密结合学生的身心发展变化，把握学生管理工作的新特点、新情况，对学生管理方法进行科学规划，将现代管理机制有机构建起来，以提升学生管理工作的针对性和实效性。

　　互联网在现阶段对人类生产、生活的各个领域都发挥了不可估量的作用，网络技术在人们生产、生活中的广泛应用也宣告了一个全新时代的来临，大学生"一机在手，畅游神州"成为现实，网络带来的便利性和快捷化丰富和满足了大学生对信息资源的获取需求，与外界的交流更是开阔了一个更加广阔的领域。然而，马克思主义哲学观揭示了事物具有两面性的特征，我们看待事物要坚持一分为二的观点，既要发现其优点，又要发现其缺点，对于互联网的看法也应如此。我们既要看到网络技术以其高效率的工作方式获得了大众认可，也要看到互联网的传播缺乏选择，更多的时候需要靠个体自己去取舍判断。网络中充斥着有害信息，甚至被不法分子利用，并对社会造成了一定的危害。作为关乎祖国未来发展的新时代大学生，更是要提升自己的素质，弘扬社会主义核心价值观，这为高职学生管理工作提供了新的挑战，也使学生管理工作在网络时代面对诸多新的问题。

　　综上所述，互联网时代给高职学生管理工作带来了极大的优势和挑战，传统的高职学生管理模式已经不能适应现阶段的要求，针对这种情况，教师就需要通过科学创新与完善，将互联网的积极作用充分发挥出来，增强学生管理工作的针对性与实效性；有机解决互联网带来的问题，帮助学生抵制不良信息和不良思潮的影响，促进学生健康全面成长。

目　录

第一章　高职学生管理的理论研究

第一节　高职学生管理的问题

高职学生管理工作正处于一个从外延到内涵不断深化的阶段，虽然各地高职开始重视学生管理工作，但似乎并没有取得效果，依然停留在理念和形式上。在教育越来越被人们重视的时代，辅导员的素质也需要得到相应的提升，只有更加深刻地认识到学生管理工作的真正内涵，并根据管理过程当中学生反馈的基本情况来对自身的不足之处加以完善，才能够真正适应未来教育发展以及对学生综合能力培养的要求。

一、分析高职学生管理工作面临的挑战

人们日常的生活习惯、思想观念和道德心理在改革开放的浪潮中产生了深刻的变化，这给高职学生的成长带来了一定的影响。一是高职学生由于欠缺社会阅历，对身边的事物缺乏正确辨别的能力，因此身心健康容易受到影响甚至会受到严重的伤害；二是现代媒体的普及使学生在信息获取上更加方便、快捷；三是高职学生的数量急剧增加，教学设施却满足不了学校管理和后期服务的需求；四是新时期的高职学生存在较大的个体差异性；五是学分制的取消削弱了对高职学生的管理。

二、高职学生管理中存在的问题

（一）管理人员水平不一

在我国的大学里，管理水平参差不齐，沉浸在管理工作中的管理者会设身处地精进管理方案，而不把管理工作当作首要任务的管理者则只会墨守成规，毫无精进可言。高职管理人员的素质是影响高职学生管理有效性的重要因素，应引起足够的重视。

（二）高职学生事务管理法治化的缺失

我国学者通过对国外高职学生事务管理进行深入研究，以此找到更适合我国高职学生管理工作发展的理论。但是，总体而言，无论是国内学者还是国外学者，对制定"留学生

事务管理法"这一制度的研究都很少,大多以一个国家为例讨论学生事务管理的内容,或者针对高职学生事务管理某一层面的内容研究。

(三)学生数量增多

高职扩招可以使更多的学生获得在高等学校学习的机会。资源总数没有跟随学生总数的增加而有所变化,导致人均分配得到的资源减少,这增加了管理工作的难度。高职人数的增加,带来的是更频繁、更激烈的文化碰撞。高职学生来源更加广泛,不同地域的文化理念碰撞的结果可能是融合,也可能是分离,但不可避免的是碰撞初期会产生摩擦,而结果是由管理人员的处理方法来决定的,这样便增加了管理人员的工作量。

三、高职学生管理问题的对策分析

(一)合理地分配管理工作,重视预测预防

高职要对学生管理工作进行合理分配需要从三个方面入手:一是要合理做好学生日常管理事务的分工,这样不仅有利于工作效率的提高,而且有利于减轻工作负担,提高管理水平;二是要对已经发生过的问题进行认真反思,在管理中做到举一反三,有利于防止类似事件的发生;三是要对学生的思想动态进行密切关注,必要时给予其引导教育,这样可以有效控制事态的发展。

(二)把学生综合素质的培养放在教育的首位

在当今激烈的社会竞争环境下,学生的成长更加凸显了对提高综合素质的需求,而如何进一步提高高职学生的综合素质已经成为 21 世纪教育研究者讨论的重要课题之一。

(三)转变学生传统的学习观念,加强引导,明确学生的学习目标

学校管理者要尽量改变以往封闭式的教学和管理模式,积极转化自身的管理理念,采取一系列行之有效的措施为学生提供更加高效的教学管理方法,在这种研究取向的管理过程中,在学生辅导员的科学指导之下,学生能够明确自身的学习目标,掌握许多课本上学不到的知识,加强自己发现生活问题和学习问题并自行解决的能力。

(四)大力开展学生社团活动

为了直接给高职学生提供一个良好的学习和发展平台,学校要多多开展一些社团活动,鼓励学生积极参与。这样的方式能够让学生学有所用,突破高职以往理论与实践相脱离的错误管理模式,丰富学生的实践经验,让其在实践活动当中获得参与的积极体验,一方面满足了学生对管理工作的自由性、灵活性和趣味性的要求,另一方面有效地激发了学生的主动性,简直是一箭双雕。

（五）辅导员应该成为高职学生的人生导师，注重学生的发展

做好思想方面的正确指导是学生管理工作得以有效展开的根本保证。这就要求辅导员自身先要拥有科学、完备的价值观念，并以自身的行为做表率，发挥先锋模范作用，逐步引导学生朝着正确的思想方向发展。

综上所述，高职学生管理是一项系统复杂的工作，新形势下高职学生管理工作面临着一些问题，影响工作的顺利开展，所以高职应针对问题，采取有效措施，转变管理方式，提高辅导员的综合素质，强化辅导员队伍建设，等等，从而使学生管理工作更加规范化、科学化，以实现全面发展的人才培养目标。

第二节　高职学生管理系统建设

随着国民经济的飞速发展，人们的生活水平得到了极大的提高，计算机信息化技术迅猛发展，应用于生活中的各个方面，给人们带来了便利。我国在高等院校教育工作的不断改革中，也广泛应用了计算机信息化技术，为高职的管理工作提供了便利。从社会的发展趋势来看，信息技术时代的到来不断改变着人们的生活方式，未来的趋势必定是智能化时代。为了响应时代的号召，我国高职建立了完善的学生管理系统。本节通过对高职学生管理系统进行分析，探讨建立高职学生管理系统的价值。

我国教育体制改革不断深入，大学生扩招等政策进一步推行，高职学生数量不断增多，这就使高职学生的管理工作具有了一定的难度。在这样的大环境下，对高职的教职工和学生管理人员提出了更高的要求。传统的学生管理模式已经不能满足现如今高职学生的管理需求，因此，搭建完善的高等院校学生管理平台，对于我国高职学生管理工作具有重要意义。计算机技术在各个领域不断发展，都发挥了不可忽视的作用，在高职学生管理中，合理地运用计算机信息化技术，建立完善的学生管理系统，也会起到良好的管理作用，对高职的发展具有重要意义。

一、学生管理系统对我国高职学生管理的重要意义

（一）社会发展的大势所趋

随着计算机技术的发展，我国的各行各业已经离不开计算机信息化技术。计算机信息化技术被应用在我们的生活中，我们的工作和生活都与计算机信息化技术紧密相连。为了顺应时代的发展趋势，高职学生繁重的管理工作应引进计算机信息化技术，建立科学的高职学生管理系统，从而提升学生的管理工作效率。我国许多高职的学生管理工作已经采用计算机信息化技术，都取得了较好的效果。随着社会的不断变化，传统的管理模式逐渐跟

不上时代发展的步伐，完善的高职学生管理系统的建立势在必行。高职应该积极建立完善的学生管理系统，加强高职学生的管理工作。

（二）高职的发展需求

随着我国高职的不断发展，高职学生日益增多，从而增加了我国高职学生管理工作的难度，因此，建立完善的学生管理系统，利用学生管理系统完善高职学生管理工作具有重要意义。由于我国高职的扩招政策不断完善，我国高职学生的信息数据越来越多，采用计算机信息化技术，建立科学的学生管理系统，实现高职的学生管理工作，不仅可以高效地完成学生管理工作，而且能提高管理质量。学生管理系统能够在短时间内及时调取学生的信息，同时可以快速地实现学生信息的录入，避免出现由信息管理不当造成的负面影响。学生管理系统还可以实现学生管理中的数据统计与分析，提高我国高职的教学质量，提升学生管理的工作效率和工作质量。学生管理系统也能够对高职学生管理内容，进行创新和优化，通过采用学分制的方式，提高学生管理质量；凭借计算机网络平台技术，实现师生之间的网络交流，提高学生管理质量，加强我国高职学生的管理工作。

二、高职学生管理工作面临的巨大挑战

（一）学生管理工作的数据共享有待提高

在对高职学生进行管理时，管理内容包含大量的数据信息。各部门掌握的信息各不相同，内容比较烦琐，如学生会管理学生的奖金补助等日常信息。由于相关管理部门之间的信息共享程度并不高，导致信息的流动程序比较复杂，需要消耗大量的人力进行管理，影响工作效率；同时由于各部门存放的信息内容具有一定的复杂性，对信息的归类汇总实现起来比较困难，数据不能得到良好的利用。

（二）管理人员的信息化水平偏低

随着高职学生的日益增多，高职学生的管理水平也提出了具体要求。目前我国高等院校学生管理水平，还没能达到社会要求的水准，其缺陷主要有两个方面：一是大学生的系统管理人员没有进行良好的思维转变，信息化管理意识比较薄弱。学生管理的最终结果，不仅要看管理者对各项规章制度的运用，还要注重管理人员对大数据时代的认知。大数据为我们提供了充足的信息，管理人员应该注重数据的采集和分析；二是高职的学生管理人员的数据分析能力普遍较低。高职的学生管理人员应具备良好的大数据分析能力，能够对图片和视频等数据进行收集、汇总，充分利用大数据的优势，实现高效的学生管理工作。

三、建立完善的高职学生管理系统

在我国高等院校学生管理工作中，建立完善的学生管理信息系统可以达到事半功倍的效果。通常情况下，我国高职都应该建设完善的运用计算机信息化技术的学生管理信息系统，系统包括以下内容：课程系统、教学系统、课程管理系统、教师管理系统、学生管理系统、师生交流系统、选课系统、查询系统。学生管理系统要起到良好的管理效果，高职学生管理人员应及时完善学生管理系统的内容，以便实现学生管理工作的进一步开展。完善的高职学生管理系统能够有效地整合学生信息，使得高职的学生管理人员能够对学生在校的一切信息了如指掌，如，学习成绩、选课信息、宿舍管理、专业管理、奖罚管理等相关信息。辅导员可以通过这些信息了解学生的最新动态，及时准确地掌握学生的个人信息，使得对学生管理的效率有了很大的提升。

四、高职学生管理信息化建设的途径

（一）建立完善的信息化管理系统

信息化管理系统主要由硬件设施和校园网络两部分组成，我国高等院校的硬件设备一般比较落后，因此校园网络并没有足够完善，所以，应该改善校园网络环境，加强硬件设备的更新，主要措施包括以下两个方面：一是增加高等院校硬件设施投放预算，提高硬件水平，有效地提高学生管理信息化的水平；通过加强高职硬件设备投入，有效地提高高职学生管理系统的管理水平。二是高职应该加强网络系统的接收和容纳能力，从而使处理海量的信息更加便捷。学生信息化管理系统能有效提高管理系统的应用效率，学生管理能够实现在虚拟校园的拓展；在满足学生管理的基本需求下，也能够为学生和教师提供多元化的服务体验。高职在学生信息化管理系统建设过程中，应坚持硬件投资和信息资源的开发。

（二）组建学生管理机构

我国高职的学生管理工作，不仅要建立完善的学生管理系统，还要组建优秀的学生管理机构，以便提升高职学生的管理水平和工作效率，从而实现更好的服务和高职大学生管理工作切实的完成。高等院校相关部门应积极采用自动化信息技术，建立完善的学生管理机构，有效地开展大学生信息管理工作，提升高职学生管理工作的效率。

（三）建立学生管理规则

高职还应该根据实际情况，建立完善的学生管理规则，促使高职学生的管理工作能够有序开展。信息管理规则一般是指明确管理人员的工作职责。其一，高职在开展高等院校学生管理工作时，应时刻注意学校师生的共同参与性，建立完善的学校管理队伍，对学生管理数据进行有效维护。其二，高职在构建完善的校园信息管理系统时，应对学生管理数据的责任进行分摊，明确各项数据的管理人员，有利于职责的掌握，对相关人员进行严格管理，确保高职学生管理数据的准确性。

第三节　高职学生管理信息化

高职应根据信息技术的发展和全面普及实际情况对高职管理工作进行深入改革，合理利用信息化技术加强对学生的管理，从而提高学校的管理效率。高职信息化平台的建设，能够为学生管理工作提供更为高效的、安全的、全面的决策支持，使各项工作决策更具科学性。创新高职学生管理信息化研究，对实现大学生管理工作的现代化具有深远意义。

信息化技术在我国各个行业领域中已普遍应用，教育行业自然也应顺应时代的发展，通过引入信息化技术来提高自身的管理水平和管理效率。高职教育的质量是判断一个国家发展情况的重要指标之一，所以加强高职信息化建设对整个国家发展和民族建设都至关重要。在信息时代，信息化技术充斥于各个行业和领域，在生活和工作中都有所体现，为人们的生活和工作提供了极大便利。高职对信息化建设应持以高度肯定的态度，应尽快建设好并将其应用于学生管理中，在满足学生需求点的同时提高管理效率，使得学生的管理工作更全面和更便利，在培育新时代人才方面起到助力作用。

一、我国高职学生管理工作的模式

目前，我国高职管理体系主要由职能部门和院系辅导员组成，主要负责学生的日常管理和学生的思想政治教育工作。在信息化时代，高职依然沿用传统的管理模式，并不符合时代的发展需求，也使高职在快速发展的时代过程中处于落后地位。部分高职虽然在一定程度上利用了信息化技术，但是利用程度并不高，完全没有发挥出其应有的作用。虽然高职管理具备实现信息化技术的条件，但是各方面的申请、审批等流程依然需要手动操作，传统的管理方式依然在高职管理中占主导地位通过调查可以了解到，高职管理模式主要以有序和稳定为前提，高职以此为中心对高职事务进行管理，具体管理模式如下。

（一）管理体系运行以事务处理为中心

现在诸多高职事务管理依然以事务为中心，将高职事务管理好是其根本目的；在实际管理中对事务的管理内容多，对高职学生的管理内容较少。高职管理缺乏合理的绩效审核体系，缺乏事务完成质量的衡量标准。高职管理主要依托于学生会对学生进行管理，而校方又对学生会的管理质量缺乏审核标准。

（二）管理结构为"金字塔"式

高职管理结构与许多企业的管理结构类似，一般通过金字塔的管理结构来完成整个学校的学生管理工作。金字塔顶端即最高一级为高职学生管理工作分管领导，下一级是与学生管理相关的职能部门、社团组织等，具体包括学生会、教务处、财务处、宣传部、学校团委、就业指导处等部门，再下一级则是院系团总支和学生工作办公室，最后一级为年级、班级等。

（三）信息垂直传递

高职管理的信息传递方式为垂直信息传递，由校领导发起，依次传递给院系团总支、辅导员、班级干部、学生等相关职能部门。这种信息传递方式多为口头传达或文字传达，不仅传递周期长，且传递质量无法保证，口口相传，信息极容易失真。召开会议是高职学生管理信息的主要传达方式，其次会采用多媒体传达信息。在高职管理中，口头或纸张传达依旧是主要的信息传达方式。

二、信息化为高职学生管理带来的变化

在信息化时代，高职作为文化输出基地更应加快信息化管理建设的步伐，提高信息化技术在高职管理中的应用程度，创新高职管理方式，通过信息化手段提升管理效率、拓展管理措施，以便更好、更快地完成高职管理工作。信息化管理不仅减轻了相关部门和管理人员的压力，对学生来说也增加了生活和学习的便利性。

（一）实现管理者决策科学化

高职学生管理工作涉及诸多方面，学生入学、招生、饮食、学习、图书阅读、上网、考勤、晨练、考试、缴费、设备使用、毕业设计等都属于管理工作的内容，甚至学生在学校期间的一系列活动也可以列入管理工作范围。如果将学生的这些数据都收集起来，学生管理者就可以通过数据来分析学生管理规律，提高学生管理效率。而且数据还能体现学生的活动趋势和存在的问题，对学生及其活动进行合理的分析，有助于了解规律的成因，为以后的管理工作提供依据，让高职管理更加科学化和合理化。

（二）实现学生管理工作高效化

在传统的管理方式中，学生信息主要通过纸质表格登记，辅导员将登记表收集起来作为学生信息的储备。调查发现，大部分高职摒弃了纸质信息收集方式，直接通过数字化信息技术储存学生信息，当需要学生信息时，高职学生管理人员直接在电脑搜索学生姓名，就可以看到有关学生的所有信息，因此，建立健全学生数字化信息管理体系是实现学生管理信息化的关键所在。学生管理工作庞杂，涉猎范围广，将学生日常管理工作在一个平台上处理并完成十分必要。在构建数字化信息管理体系的过程中，新系统要与中心数据兼容，通常情况下新系统的数据信息应上传到中心数据库，可以保证信息化管理的集中性、专业性和权威性，同时也可以保证数据的统一性、稳定性和共享性。网络信息时代的到来让资

源共享成为可能。资源共享能有效保证资源的时效性，便于信息流通，这也是学校打造信息管理体系的关键。一方面资源共享有助于学生学习、查询以及日常生活娱乐等；另一方面有助于管理层第一时间掌握学生的思想和学习动态。搭建数字信息化平台时要构造综合数据信息库，学生和学生管理人员都可以从中及时获取所需信息，能有效解决工作人员有限的问题，减少工作人员的工作量，提高工作效率，降低工作失误率；同时，各个部门通过平台可以进一步完善内部工作，提高管理水平和效率。

（三）实现师生沟通便捷化

当前，网络已经渗透到生活的各个方面，包括高职学生的学习、社交和生活等方面，譬如网上购物，用微信和腾讯QQ交流，在网上收听、收看音频、视频等。网络颠覆了传统的生活方式，高职管理和教育也是如此。现阶段高职学生管理的内容较为繁杂琐碎，工作强度大，所以信息化网络平台的搭建是大势所趋。基于当下几乎所有学生都使用腾讯QQ、微信等社交软件沟通交流的现实，在信息化管理中可以采用腾讯QQ、微信传递学校最新通知以及相关管理信息等，从而提高沟通的时效性。辅导员在学生管理工作中可以多采用腾讯QQ群、微信群等方式，除了用于传递学校通知以及相关管理文件等，还可以与学生交流思想，沟通感情。信息化方式使高职辅导员开展工作更加得心应手，减轻了学生管理人员的工作负担。

三、高职学生管理信息化的创新对策

（一）思想理念创新

高职信息化建设应立足现在着眼未来，高瞻远瞩地进行战略布局，在整体规划上，需要考虑到平台的多样化、系统化以及规范化；在财务方面，要尽可能地减少支出，投入最少的成本收获最大的成效；在工作人员上，要对信息管理工作人员做好培训，做到熟悉且熟练运用，使工作者在管理中形成使用信息化平台的观念；在规章制度上，学校要根据实际发展诉求制定符合本校的规章制度和推广策略，在具体落实执行过程中信息管理者有章可依，严格按照学校规定开展工作；在执行上，这项工作的推进有助于学校管理优化革新，对学校有百利而无一害，需要各个部门协助工作，找准切入点，抓住关键环节，共同将信息化管理落实到位。

（二）业务流程创新

在学生管理过程中，学生到学校报到注册、学籍管理和实习就业等方面涉及多个管理部门。现阶段，高职学生事务处理水平与办学水平和管理水平相挂钩，学生管理内容庞杂，工作难度较大。现在我国高职学生一般由学院负责管理，辅导员根据学校指示安排工作。一方面，造成辅导员工作强度过大，没有时间去掌握学生思想动态；另一方面，也造成了辅导员的管理观念和思想更新滞后。因此，需要对高职学生事务管理流程进行多角度、全方位的考虑，在减轻学生管理人员负担的同时，更要保证其高效地完成学生管理工作的任务。实行高职学生信息化管理，需要各个管理部门间相互配合，更要对学生管理工作进行创新。目前，高职要完成学生信息化管理业务流程的创新可以从以下三点着手：一是总结现有学生管理流程的缺陷；二是以升级革新管理流程为共同目标，打破各个职能管理部门的独立管理职权，各个部门通力协作；三是将学生管理流程中的各环节全面整理，需要增加的部分及时增加，需要简化的部分及时简化，把相似部分合二为一，快速推进学生信息化管理过程的优化。

（三）管理手段创新

随着信息技术时代的来临，高职管理也要顺应时代变化，以创新的信息化管理手段来替代传统的管理手段，适应信息化时代对学校管理的要求。在建设信息化管理系统过程中，要以传统的管理方式为切入点，找到两者的共通点，不断地将信息化技术融入管理系统，这样可以才保障管理系统的稳定性，给内部管理人员和学生适应的时间。高职管理从局域网拓展到开放式网络，传统的手工管理工作可以利用信息技术来完成，根据学生的活动信息分析出活动规律，将规律应用到学生管理工作中。

（四）信息安全创新

加强高职管理信息化管理，是高职未来管理工作的重要内容，而信息化时代的信息系统安全管理更是必不可少。高职要注重信息的安全性，引进安全防护技术，通过网络防火墙和硬件设备来提高信息安全等级。而且高职管理部门应设置信息管理系统权限，不同管理人员有不同的管理账号。高职管理部门根据管理内容为其配置相应的权限。各职能部门或管理人员的权限不能重叠，且账号仅允许本人使用，不得借给他人使用。高职管理部门还应制定规章制度对管理信息系统的使用进行明确规定，避免因学校内部人员的疏忽或恶意导致学生信息泄露，发生以上事故时应对责任人予以惩罚。对于盗用管理账号的学生也要给予相应处罚，从各方面保证信息的安全性。

第四节　高职学生管理法治化

依法治校对高职学生管理提出了新的要求。当前高职学生管理存在立法科学性不足、执法严格性不足、权利救济性不足、法治教育性不足等问题，深入推进依法治校背景下高职学生管理法治化，要按照依法治校的要求创新高职学生管理体制，完善校内学生管理规范体系，严格执行学生管理规范，注重程序公正，健全学生权利救济体系，加强校园法治教育，提升师生法律素养。

随着全面推进依法治国和教育治理现代化的提出，依法治校成为当前高职的重要历史任务与目标，其对高职学生管理提出了法治化的要求。当前，我国高职学生管理中存在管理依据合法性不足、程序正当性不足等问题，已经影响到整个高职治理法治化的进程，加强研究以改善现状的需求十分紧迫。

一、高职学生管理法治化的内涵

（一）高职学生管理的内涵

1990年，国家教育委员会出台了《普通高等学校学生管理规定》，首次以官方文件的形式界定了"学生管理"，即"对学生入学到毕业在校阶段的管理，是对高等学校学生学习、生活、行为的规范"。高职学生管理的范围主要包括学生学籍管理、学生活动管理、奖惩管理、助学管理、行为管理、就业管理等。

依法治校对高职学生管理提出了新的要求。一是高职学生管理的依据要合法健全。依法治校首先要求建立健全学校法律体系。高职学生管理应依照大学章程，建立健全学生管理规范体系，确保学生管理有上位法依据，有校内规范依据，做到管理有法有据。二是高职学生管理要严格依法进行。依法治校要求学校治理应该严格依法进行，因此，学生管理应该严格依照学生管理相关法律规范进行，减少甚至杜绝人为因素带来的消极影响，保证同类学生管理结果的公平性。三是高职学生管理的程序要正当。依法治校要求高职管理不仅应注重实体正义，还应注重程序正义。为此，高职学生管理要注重管理行为的时间、地点、流程等程序问题，管理人员应注重程序正当性，减少因程序问题造成的结果不公。四是学生救济途径要健全。依法治校要求高职管理主体应注重维护高职学生、教职工的权益，对于高职学生管理来说，它应该注重维护高职学生的合法权益，校内应建立健全学生申诉制度、听证制度等救济途径。五是加强对高职学生法律素养的培养。作为育人主体，在高职要将依法治校与育人工作结合起来，因此，高职学生管理还应注重通过引导、宣传、奖惩等来培育高职学生的法律素养，提高其综合素养，这样才能促进依法治校、依法治国的深入推进。

（二）高职学生管理法治化的内涵

结合"高职学生管理"与"法治化"的内涵界定，笔者认为，高职学生管理法治化是指以高职学生管理法治体系的形成为目标，以高职学生管理法律化为主要内容，以保障学生的权益与提高其法律素养为宗旨，以高职学生管理方式由人治转变为法治为核心的学校管理秩序变迁过程。高职学生管理法治化正是依法治校背景下高职学生管理的新常态。

二、依法治校背景下高职学生管理法治化的现状

随着依法治国与高等教育改革的推进，我国高职有序推进学生管理的法治化取得了一些进步。一是高职学生管理方面的法律体系逐渐健全，如《中华人民共和国高等教育法》《中华人民共和国学位条例》《普通高等学校学生管理规定》《高等学校章程制定暂行办法》《高等学校学生行为准则》等的出台与修订，为高职学生管理提供了上位法的指导与依据。二是依法开展高职学生管理，高职学生管理部门、一线教师在对待学生管理上能够按照相关的法律法规进行，高职学生的权利意识不断增强，懂得依法维权，虽然高职学生管理法治化取得了一定成绩，但仍存在一些问题。

第一，高职学生管理的立法科学性不足。高职学生管理法治化首先要求高职学生管理法律体系要健全且科学。依据高职学生管理的上位法，各高职开始建立健全学生管理规范体系，但其科学性严重不足。

第二，高职学生管理中执法严格性不足。高职学生管理法治化要求严格执行学生管理的相关法律规范，但实践中执法的严格性存在不足，忽视处理程序的合法性，而缺少程序正义是不完整的法治形态。

第三，高职学生管理的权利救济性不足。高职学生管理法治化的最终目的，是维护高职学生的合法权益，限制高职学生管理人员的权力。维权主要通过包括司法救济在内的权利救济体系来实现，但目前高职学生管理的权利救济性非常不足。

第四，高职学生管理的法治教育性不足。培养人才是高职的中心任务，高职学生管理同样应服从于高职的中心工作。当前高职学生管理主要侧重事务"管"思想理论教育"理"、思想政治教育、专业教育，缺乏"法治教育"，导致高职学生管理偏"管"轻"教"。

三、依法治校背景下完善我国高职学生管理法治化的建议

结合依法治校对学生管理的要求，通过调研分析当前高职学生管理法治化中存在的问题，借鉴国外发达国家的有益经验，笔者提出深入推进依法治校背景下高职学生管理法治化的如下建议：

（一）按照依法治校的要求创新高职学生管理体制

一是建立高职与政府关于高职学生管理规范性文件调研及制定工作机制。在遵循法律优先、法律保留等法治原则的基础上，建设高职与地方立法及行政机关、中央地方、行政机关关于高职治理的规范性文件调研和制定机制，根据高职管理中出现的新问题，在调研的基础上，制定地方性政策，不断实施完善，并上升为地方性行政规章等，高职根据上位法的规定，完善本校的章程及规章，这样就可以实现由上到下的高职学生管理中所依据的规范性文件的系统性和完整性，并保持动态修正的功能。二是建立高职学生管理中的事前

审查、事后救济制度。高职学生管理中诸如招生、就业、对外合作交流等都需要建立完善的事前审查制度，这些审查制度可以对高职学生管理的法律风险做到初步化解。针对审查中可能出现的漏洞与风险，还需要配套事后救济制度，以确保对高职学生管理法律风险的第二次化解，三是建立其他主体对高职治理的监督机制。高职治理中对具体事务的执行是否依法，需要接受治理体系中其他主体的监督，整合目前现有的行政复议、行政诉讼、申诉、信访等制度，完善对高职学生管理的监督。

（二）完善校内学生管理规范体系，提升管理水平

依法治校，首先，要求以章程治校，高职要在广泛听取师生意见的基础上依法制定和完善大学章程，确立学生管理的基本准则，要将大学章程作为规范和指导学生管理的纲领性文件。其次，高职要依据法律法规和大学章程的原则与要求，结合本校实际情况，制定并完善配套的覆盖学生管理各个领域的具体管理制度，形成健全、规范、统一的校规制度体系。最后，制定的学生管理规范应通过一定的渠道及时公布，让全校师生知晓，做好校园普法工作。同时，学校权力机构应定期根据学生管理的实际情况，进行规范的适时调整，提高立法的科学化水平。

（三）严格执行学生管理规范，注重程序公正

在科学依法的基础上，高职应严格执行学生管理规范，避免人为的随意变更，只有遵循法律底线，才可能实现依法治校。同时，高职学生管理者还应严格遵循管理的程序规定，保障大学生的程序权利，不仅追求结果的合法性，还追求管理程序的规范性、合法性。此外，还要积极发挥学生会、研究生会、教职工代表大会等对高职学生管理执法的监督，通过监督机制促进高职学生管理的严格执法、公正执法。

（四）健全学生权利救济体系，保障法治目的

高职学生管理法治化的目的是保障大学生的合法权益，为此，高职应健全大学生权利救济制度，为大学生权利受到侵害提供救济途径，一是高职应健全校内申诉制度，扩大申诉制度的校园知晓度，为学生权利受到侵害提供便利的反馈渠道、救济渠道。二是高职应注重法务机构参与高职学生管理，适应教育行政诉讼、行政复议带来的困难，以校外审查来提高学生管理的法治水平。三是在学生管理机构下设立高职学生法律咨询组织或法律援助组织，为高职学生权利受到侵害提供法律服务。四是探索建立学生处罚听证制度，对于关乎学生切身利益的处罚、处分，吸纳高职学生代表参与听证，提高处罚结论做出的慎重性、程序性、合法性。

（五）加强校园法治教育，提升师生法律素养

高职学生管理法治化要通过人来实现，为此高职应重视校园法治教育。高职需要充分

运用校内外法律资源，做好高职师生的法治意识培养。对外，高职可以与公检法等司法机关、律师事务所或其他法律组织建立战略合作关系，通过邀请校外专家举办法律讲座、咨询、主题活动来营造高职法治氛围。对内，高职对学生的咨询需要成立日常专门为学生提供法律咨询服务的法律援助组织；对教师的咨询可以在工会、妇委会等部门的组织下，成立日常专门为教师提供法律服务的组织。通过以上主题活动、讲座的宣传、日常咨询的开展，营造高职法治环境，培养高职师生法律优先、法律保留、正当程序、权利救济、民主参与等法治意识，通过充分整合上述法治资源，建立高职师生定期学习法律机制，增强管理人员的法律知识储备，培养其法治思维，以适应学生管理法治化的工作需要。进一步拓宽大学生的法律学习渠道，建立覆盖第一课堂、第二课堂、新媒体、校园宣传阵地等全方位的法治教育体系，加强学生对大学章程、具体管理制度等校规的学习，以提高全校师生的法律素养，促进高职学生管理的法治化。

第五节　以人为本理念与高职学生管理

学生管理是各院校的重点工作内容。目前，大部分院校还使用传统管理方式，会在一定程度上给学生造成严重的心理压力，长时间会对学生的心理健康产生影响，并且容易造成学生产生逆反心理。部分院校已经意识到严格的管理制度会产生负面效应，并开始探索科学、合理的管理模式，进而有效培养高职学生。本节基于"以人为本"理念对高职学生进行管理效果的分析。

一、目前高职管理模式中存在的问题

第一，管理理念落后。当前大部分院校管理学生的理念仍停滞不前，不重视服务、只注意管理，进而使管理学生的工作变得被动，传统的管理模式不能根据学生个性化的需求提供主动性服务。部分院校管理员认为学生只是管理对象，并不是服务对象，所以在管理过程中采用事后管理方式，这直接对管理学生工作质量产生了影响。同时，部分院校管理学生的工作并没有做到与时俱进，没有利用网络技术对管理工作进行革新。

第二，管理模式死板。在传统管理模式下，部分高职还在进行逐层管理，从校长到各级办公人员。虽然这种管理模式在一定程度上减少了人力和物力的消耗，但是这种管理模式不能满足学生和社会对管理的需求，进而使管理效率降低，同时，在传统管理模式中，当学生表现好时对学生提出表扬，当学生犯错时对学生进行处罚，这种严格按照规章制度执行的管理模式缺乏人性化。

第三，监督管理制度缺失。不断变化的管理环境加大了管理工作的难度，使得高职不仅要对管理工作加大投入，而且要对监督管理制度进行完善，对学生管理工作中出现的问题和失误等情况要及时采取有效措施解决。但是，大部分高职并没有建立管理监督机制，各高职在学生管理工作中缺少对管理人员的监督，没有对管理人员进行考察，导致管理人员没有主动意识，并且有较大的随意性，无法确保学生管理工作的有效性。

第四，高素质人才较缺乏。当前，各高职对学生的管理和教学是分开进行的，任课教师只负责教学任务并不参与学生管理工作，后勤人员只负责后勤管理工作，所以主要由行政人员、辅导员和保卫人员组成的管理团队参与学生管理工作。由于这些工作人员的整体水平过低，而且其年龄偏大和工作繁忙，并没有精力去提高自身的综合素养，在学生管理工作上很难进行创新。同时，各高职忽略了对这些管理人员进行培训，从而使管理人员队伍的综合素质得不到提高。

二、基于"以人为本"理念的高职学生管理工作的重要性

高职是国家获取优秀人才的重要途径，所以高职科学、合理的教育方式非常重要。根据当前社会的需求，"以人为本"的理念应运用到其中，从而不断完善管理方式。"以人为本"的学生管理理念是基于学生心理健康需要而诞生的。目前，大部分高职学生管理工作模式存在很多问题，其原因是高职在管理过程中，仍使用传统管理模式——为管理而管理，而不以学生为重点，学生只能被动接受管理。在这种管理模式下，学生产生了抵触心理，进而使学生管理成效得不到提高，逆反效应影响了学校的可持续发展。所以，各高职在学生管理工作过程中要以学生为主体，以"以人为本"为管理核心，促进学生身心健康成长。

三、基于"以人为本"理念的高职学生管理工作的对策

（一）确立高职学生在管理工作中的主体地位

在高职学生管理工作中，要以学生为本，培养高素质学生，为学生未来发展和学校可持续发展奠定基础。不管在哪一方面都要"以人为本"，各高职都是围绕学生展开工作的，培养人才都是以科学、合理的手段进行的，以培养高素质专业人才为目标，随着我国经济地位不断的提升，对高素质专业性人才的需求不断增加，这给我国高职带来了挑战。各高职应与时俱进，满足社会对人才的需求。

（二）转变观念，以服务为管理理念

学生管理工作要转变传统管理模式，改变训导型管理模式，以学生为中心，以服务学生为理念，设立新型学生管理工作模式；以咨询服务为主，转变传统学生管理模式。"以人为本"的理念以学生为中心，尊重学生的尊严，全面地考虑学生个性、知识兴趣、人格，全面地引导学生的可持续发展并为其服务。同时将教书育人与管理工作相融合，充分调动学生在学习和生活上的热情，基于"以人为本"的学生管理模式将管理、服务与发展相结

合；将学生作为服务对象，与学生个性发展的需求相结合，人才培养的要求建立健全管理服务功能体系。

（三）优化工作方式

各高职学生管理人员在工作中要了解到当今教育事业的发展形势，对学生管理模式不断地创新，进而满足当今社会发展的需求。学生管理人员可以通过媒体社交软件和学生进行沟通、交流，时刻掌握学生的动态，引导学生学习。在管理学生时，学生管理人员要适当给予学生鼓励，拉近与学生间的距离，从而使学生从心里接受管理，提高学生管理工作的效果。

（四）完善规章制度

以人为本的学生管理工作，需要健全的规章制度作为管理学生的依据。各高职在建立规章制度时要以学生为导向，针对学生的学习和发展需求进行调研，进而使管理制度变得人性化，将学生发展需求有效连接到规章制度建立中。另外，高职在建立规章制度时要与时俱进，以便于学生的学习和生活；依据新媒体，及时更新规章制度，去除不符合时代发展需求的制度，加强创新管理，提高学生的自我管理能力。同时，要突出学生管理的主体地位，设立针对管理人员的考核评价制度，民主选拔学生管理干部，进一步激励学生进行自主管理。

（五）加强学生参与管理

"以人为本"的学生管理工作要求管理人员要不断提高自身管理素质，避免使用传统工作经验，要充分利用现代管理技术，实施高效管理。构建和谐师生关系时会受管理人员素质的影响，并且影响学生管理工作的成效，所以，管理人员要对管理理念和管理手段进行更新，鼓励学生进行自主管理。管理人员要发挥引导作用，要与学生进行相互监督，促进共同进步。例如，班级有重要决定时，学校通过建立沟通反馈机制，给予学生决策权，使学生参与其中。学校应积极参考学生的建议，保障学生的利益，提高学生的自主管理能力。

（六）完善心理疏导机制

学生的心理健康应是管理人员的重要关注点。学生管理人员完善的心理疏导机制，要在"以人为本"的观念中得以体现。学生管理人员要时刻关注学生的思想动态，及时发现学生的心理问题，并对学生进行心理疏导，防止问题长期发展，造成不必要的麻烦，另外，学校要开展心理健康课程，对相关心理知识进行普及，使学生能够正视自身的心理问题；进行定期心理健康测评，通过测评结果发现学生的心理问题，并及时采取措施解决。另外，学生管理人员要尊重学生隐私，对参与心理咨询的学生的相关信息进行保密。

（七）培养学生的自我管理能力

事物发展的条件是外因，事物发展的动力是内因，要将内因与外因相结合，要提高学生的自我管理能力，需要管理人员从多方面入手。学校是学生重要的过渡时期，辅导员的工作内容之一就是管理学生。部分学生有很多空闲时间，但在空闲时间里没有做出合理的安排，并没有学习计划并且作息不规律，出现这些现象的原因就是学生缺乏自我管理能力。所以，高职应统一指导成立自我管理组织，如学生会等，对学生加强管理；充分做好每一项管理工作，得到学生情感上的认可，从而激发学生的积极性和主动性，使得学生通过自我管理能力的提升，提高自身的综合素质。同时，高职在学生管理工作中，也要将法治与人治相结合。高职在长期以人治为主的状况下，管理模式有很大的主观成分，所以在"以人为本"的理念指导下，还需有专门的法律法规对其进行约束，从而提高学生的法律意识。

综上所述，在学生管理工作中，传统管理模式已经不满足现在社会发展的需要，高职要转变传统管理观念，树立创新意识，坚持"以人为本"的管理理念，以学生为核心，在管理的同时服务学生，加强引导学生进行自我管理，以利于学生综合素质的提升，促进学生全面发展。

第六节　公共治理理论视域下高职学生管理

党的相关会议提出，将推进国家治理体系和治理能力现代化作为全面深化改革的总目标，国家治理体系和治理能力现代化对我国社会主义现代化事业的发展有着重大的理论价值和现实意义。高职治理体系和治理能力现代化是国家治理体系和治理能力现代化的重要组成部分，学生管理工作是高职管理工作的核心内容，具有基础性地位。学生管理工作的成效直接影响着高职的办学水平和办学质量以及高等教育目标的实现。目前，高职学生管理工作面临的外部和内部环境已经发生了变化，传统的高职学生管理工作模式受到了挑战，但现行高职学生管理工作模式的观念仍较为陈旧、管理体制比较机械化、管理的主体略为单一，导致高职的治理体系和治理能力现代化难以被推进。因此，本节以公共治理理论为基础，通过梳理公共治理理论的提出过程，总结公共治理的特点，从公共治理理论的视角，阐述目前高职学生管理工作模式面临的挑战，探寻当前高职学生管理工作模式面临困境的原因，提出创新高职学生管理工作模式的途径和方法。

随着我国全面深化改革的不断推进、教育水平的不断发展、教育质量的不断提高，高职治理体系和治理能力现代化的概念逐渐受到了人们的关注。在高职治理体系和治理能力现代化的框架下，作为高职管理中重要组成部分的学生管理，也要在公共治理的视角下进行反思和创新。在公共治理理论的指导下，高职的学生管理工作要实现从"管理"向"治理"的转变。首先，要分析目前高职学生管理工作面临的新环境和新要求；其次，剖析目前高职学生管理工作中存在的问题及原因；最后，要从重视治理主体的多元化、重新定义学校及教师的角色、倡导网络管理体系等诸多方面进行提升和创新，以形成高职学生管理工作的新治理模式，这种治理模式的形成和运行还需要从制度、组织、人员等各方面进行保障。

一、从统治到公共治理

公共治理虽然已经成为政治学研究和政治实践研究中的一个常用概念，但是它是 20 世纪 90 年代才产生的新术语，治理概念的出现标志着政治观念的演变，即政治观念从传统的政治统治演变为现代政治管理的概念，再从现代政治管理转向治理，从治理到善治再到公共治理。这种概念上的不断转换是政治观念不断创新和社会环境推动二者共同作用的成果。

统治的概念是指掌握社会政治权力的阶级对另一个接受社会政治权力支配的阶级进行的专断的、按照少数掌握社会政治权力精英的意志展开的统领、指挥和管辖的行为。统治的特点有两种：一是暴力的；二是统治阶级会用各种文化观念来塑造和灌输被统治阶级的思想，以此来巩固统治。现代政治兴起的一个重要标志，就是统治向管理的转变，管理是行政权力从统治者的地位保护和阶级压迫的功能中淡化出来，并主要运用在经济社会的发展和实现民生福利上。即使管理在某些方面已摆脱了统治的单向政治目的性和意志性，但管理仍然是一种单向的行动，是管理者对被管理者施加的单向行为，缺少被管理者的参与。到了 20 世纪末，治理概念的出现将管理的对象，也就是被管理者纳入管理的过程中，形成了一种新模式。对于什么是治理，许多机构和学者都提出了自己的建议，然而，众多的治理的定义都体现出了治理的以下特点：第一，治理包含着多样化的行动者；第二，治理是一种自我调节的多元主体的协作；第三，治理是一个多元主体进行互动的过程；第四，治理的多元主体中仍然存在主导的角色。善治是指一种良好的治理，是指治理达到了好的政治、经济和社会效果。公共治理又在治理概念的基础上进一步将治理的概念和内涵具体化，"公共"一词更加确切地传达出了治理应有的公共性、主体多元性和互动性。公共治理有参与性、透明性、责任性、回应性、协作性、合法性这六大原则。高职在实现治理体系和治理能力现代化的进程中，需要实现从"管理"到"公共治理"的转变，因此提出了创新高职学生管理工作的方法和途径。

二、当前高职学生管理工作面临的困境

（一）高职学生管理工作环境发生了变化

从国际和国家的发展现状来看，当前是信息化飞速发展的时代，网络和新媒体充斥着日常生活，信息传递的速度越来越快，人们获取信息的途径越来越广，能获取到的信息越来越多。在纷繁复杂、良莠不齐的信息环境中，学生的世界观、人生观、价值观在一定程度上受到影响。

从学校自身来看，在高等教育大众化进程的推动下，各地方新高职纷纷建成，老高职大多在短时间内进行转型升级，高职的规模日益扩大，招生人数日益增加，但高职的管理制度、体制、机制并未与时俱进，如高职管理理念的落后和高职专业管理人员的缺失等诸多问题被暴露出来。

从高职的学生来看，"00后"逐渐成为高职学生的主体。一方面，"00后"出生于新时代，追求独立自由，不喜欢受过多的管教和约束；另一方面，"00后"多为独生子女，从小生活在父母的庇护下，缺乏独立解决问题的能力和抗压能力，心理上也较为脆弱。

从高职学生的家长来看，独生子女的家长对子女的期望更高。进入大学后，学生脱离了家长的直接监管，但家长对学生和学校的期望并未减弱，家长希望了解高职对学生的管理情况，也希望参与到高职对学生的管理工作中。

（二）传统高职学生管理工作模式受到挑战

我国高职学生管理工作的特点之一是按规章制度施行严格管理。"管理者"和"被管理者"之间有明确的划分和界限。辅导员、专业课教师、学校教辅人员、行政人员扮演"管理者"的角色，学生是"被管理者"的角色。这种管理是一种单向的、"自上而下"的管理，学生处于被动的地位。特点之二是对所有学生施行较为模式化的管理。辅导员、专业课教师、教辅人员、行政人员除了教学工作外，仍有大量的行政工作。因此，没有大量的时间去深入思考和研究学生管理工作，继而也就无法真正做到对每个学生的管理因人而异或因材施教。然而，当今的大学生成长在民主、法治的时代，时代赋予了他们独立、自由、追求创新的精神和强烈地想要参与到学生管理工作中的愿望。目前，学生参与学生管理工作的途径比较单一，大多数高职是依托学生组织、座谈会、问卷调查等方式进行的。这种较为单一的途径和有限的参与方式无法满足学生的要求。

（三）高职各级管理人员对学生管理工作缺乏一致的认识

《关于加强和改进新形势下高职思想政治工作的意见》提出，要把立德树人作为根本任务，坚持全员全过程全方位育人。然而，在学校中，作为学生管理主体的辅导员、专业课教师、教辅人员、行政人员对此仍缺乏统一的理解和认知。辅导员可能更能深入理解这一要求。有一部分专业课教师仍将上课和科研作为自己工作的重心，对"育人"的理解还不够深刻。从学校的教辅人员、行政人员角度看，大多数人还是认为学生的事情就应该找辅导员，辅导员对学生的所有事务全权负责。结果使大量琐碎的工作倒逼回了辅导员身上，导致辅导员的大多数时间和精力被这些事务所占据，分身乏术。

三、当前高职学生管理工作面临困境的原因分析

（一）高职管理体制的行政化导致缺乏有效互动

目前，高职的组织体制仍以机械式的"金字塔"式为主。"金字塔"式组织的特点是"决策"职能集中在上层，"执行"职能在下层，有高度的专门化、刻板的部门化、清晰且较长的指挥链、狭窄的管理跨度、集权化和高度的正规化。这种"金字塔"式的组织体制有明确的职权等级，各部门职责明晰，强调纵向的上下级沟通，但是这种管理体制使"多元主体合作"和"以学生为中心"难以落到实处，各主体处于"金字塔"的各个层级，属于上下级关系，难以开展合作。学生处于"金字塔"的底端，更是难以参与到决策和管理工作中来。

（二）高职学生管理工作的主体单一

目前，在各高职中，学生管理工作的主体以学工部领导下的学生工作办公室、辅导员和团委这两大部分为主。学工部是组织学生工作的部门，承担着计划、组织、领导、控制学生管理工作的职能。二级学院的学生工作办公室处于承上启下的位置，连接了学工部和辅导员。辅导员是学生管理工作的直接主体，在学生管理工作中处于打头阵的地位。团委作为先进青年的群众性组织，服务于学校的中心工作，同时服务于学生的成长、成才。除此之外，学校的其他人员及组织在学生管理工作上都处于从属或次要的地位。与学生工作有关的教务处、后勤处、保卫处等部门一般配合学工部的工作，并不作为一个管理主体直接管理学生。学生会、社团等学生组织的功能主要是繁荣校园文化、举办校园活动、对学校和团委的精神与要求上传下达。但是，在实际的学生管理工作中，这些学生组织仍处于被管理的地位，并没有作为一个管理主体真正参与到学生管理工作中来。

四、公共治理理论视域下创新高职学生管理工作的方法和途径

（一）从机械式管理体制向有机式管理体制转化

有机式管理体制又称为"扁平式管理体制"。扁平式管理体制的特点是：跨职能的团队、跨层级的组织、信息的自由流动、宽泛的管理跨度、分权化和较低的正规化。有机式的管理体制可以使高职中各多元主体围绕着共同的目标，即"以学生为中心"开展工作。它的权责范围不固定，可以在各主体的互动合作中不断调整，层级减少使信息流通更为迅速，强调上级与下级的双向沟通、同级之间的沟通和不同层级之间的斜线沟通。

（二）从管理观念到治理观念的转变

高职在学生管理工作中要实现从管理到治理的转变，将单一的、被动的、僵硬的管理

转变为多元的、互动的、灵活的治理；借鉴公共治理理论，理解并贯彻治理强调的参与性、透明性、责任性、回应性、协作性、合法性这六大原则；用公共治理理论实际指导高职学生的管理工作，引入多元管理主体，多主体展开合作和互动，实现更好的管理效能。

（三）强调多元主体的参与

有机式的管理体制和治理观念是多元主体参与管理的基础。在高职学生管理工作中，从大的范围讲，应该实现社会、学校、家长、学生这四大主体的合作互动；从学校内的范围来讲，要实现学校各层级、各部门、各岗位主体的配合及与学生主体的合作，以此形成"三全育人"的合力。这其中要尤为重视学生作为管理的主体的身份，抓住学生这个"中心"，密切关注，了解每一名学生的利益和诉求，争取对学生的管理做到因人而异、因材施教。

（四）贯彻治理的六大原则

1. 参与原则

首先是进行授权，授权是参与的前提，通过授权使各个主体参与到对学生管理的过程中来并展开良性的互动。其次是基层自治，调动各管理主体的活力，让每一个主体真正参与学生管理的全过程。最后是对话协商，多元主体的参与需要展开对话协商，以互相尊重、平等、民主的对话方式进行合作。

2. 透明原则

透明原则是指学校在制定决策、执行决策过程中的绝大部分信息都要向公众公开。学生管理工作要做到信息公开和程序公正。信息公开是指必须要用制度的形式来保证信息公开的范围、内容、程序、时间和方式，使各个学生管理工作的主体可以通过合法且便利的方式在法定的时间内获取自己所需要的信息。程序公正是指学校在进行决策以及执行过程中，大多数的程序都应该用制度的形式规定下来，并且最大范围地允许多主体的参与。参与可以激发学生管理主体的积极性，提高学生管理工作各主体的管理水平。

3. 责任原则

责任原则是公共治理的核心，责任性可以从两个方面来理解。一是责任原则意味着学生管理工作的主体要对学生管理工作负责；二是责任与权力是对等的，有什么样的权力就要承担什么样的责任，学生管理工作的主体在进行管理的过程中必须要对自己的行为负责。

4. 回应原则

学生管理工作的主体应当实时了解学生管理工作中存在的问题，包括制定决策、集中资源、解决问题。回应原则主要涉及时效问题，回应必须要快速。

5. 协作原则

协作是指各个学生管理工作的主体不是互相隔离的，而应该共同分享权力，协作处理事务，以真诚、合理的态度用对话、商谈的方式进行合作协商，建立一种合作伙伴关系。

6. 合法原则

合法性来源于在具体决策制定过程中，各学生管理工作主体的广泛参与、互动和支持。只有尊重学生的意愿，与学生在一起，根据学生的利益和要求制定的政策才具有高度的合法性。

第七节　高职学生管理工作与激励理论

本节首先阐释了激励理论的概念及其主要构成要素，通过该理论在高职学生管理工作中的具体表现形式，对其实际应用展开深入研究；并分别从重视学生管理工作过程、培养学生主体观念、利用内外协同配合激励，满足学生个性需求、坚持正负激励双管齐下、促进学生全面发展等方面提出了有效的策略，以期发挥激励理论优势，提高高职学生管理工作水平，促进高职学生的全面发展。

高职学生管理工作的关键在于具体的方式方法，了解管理的关键是正确认知人性。科学、高效的管理过程不是约束管理对象的自由，更不是强制要求被管理者无条件服从。而是以切实可行的管理方式鼓励管理对象，使他们的自身潜能得到充分挖掘，提高他们的综合素养与能力。对于高职来说，学生管理工作也是如此，不能过分要求学生严格遵守校内规章制度，重点是要让他们通过科学、完善的管理体系挖掘自身的内在潜能，充分体现和发挥他们优势。激励理论以合理的奖罚举措来促使学生进步，使他们树立积极、乐观的生活态度，使他们更加规范的制订个人计划。激励理论会为学生带来源源不断的动力，将被动转换成主动，助力学生早日实现梦想。

一、激励理论的概念和构成要素

有关学者对激励理论做出了界定，即"所有内心想要得到的条件、实现的目标、希望及能量等都形成了对人的刺激与鼓励，这是人类实践活动中的一种心理状态"。从中能够看出，激励重点是从人心灵深处的希望、理想出发，从特定实践活动中人的强烈欲望出发，以满足人内心强烈欲望，从而推动他们为实现目标和理想而积极奋斗、坚持努力。在管理学领域中，一般将激励理论划分成三种类型，即内容类激励理论、实践行为转变塑造类激励理论和过程类激励理论。其中，内容类激励理论重点探究的是怎样切实满足需求、激励的根本因素和具体作用等。实践行为转变塑造类激励理论侧重的是行为自身及其最终结果对管理对象的反向作用、分析行为的根本目标。而过程类激励理论则强调的是激励过程的真实反馈信息。这三种类型的激励理论也适用于高职学生管理工作的研究。

激励理论是由以下几个要素构成的：

（一）需求要素

在激励理论体系中，需求也可称为"欲望追求"，主要是指个人对某件事物、领域或目标的不懈追求，这种强烈的需求通常是由人对特定事物的缺失或相对单纯简单的心理因素造成的。对于大学生来说，他们的这种欲望不仅有物质方面的，同时也有心理方面的，如学习成绩、社会实践活动、机遇和挑战、他人的肯定与支持、奖学金等各方面的欲望。正是有了这些欲望才会使他们积极努力，为满足自己的欲望而努力奋斗。

（二）动机要素

实际上动机相当于人内心需求与实践行动间的衔接点，动机促使实际行动围绕特定的需求展开，并让人为了实践背后的需求得到满足而不断付出，开展相对应的实践。按照激励理论的基础原理，可将动机精细地划分成内在动机和外在动机两部分。其中，外在动机是奖学金、荣誉证书等各种奖励，可以利用外在的动机方式鼓励学生不断提高自我；而内在动机则指的是学生单纯的兴趣爱好，学生如果对某个学科及课程感兴趣，就会主动学习、探索这方面的知识。内在因素和外在因素都能变成鼓励、推进学生主动学习的有益因素，这是高职学生管理工作应用激励理论的根本理论。

（三）行为要素

当人的真实想法在具体行动中表现时，便会产生相应的行为，也就是说，心理实际思考过程属于内心行为范畴，是人为了达到预期目标、满足个人需求而做出的行为。

二、激励理论在高职学生管理工作中的表现形式

（一）双因素理论

所谓双因素理论，实际上是指鼓励与保健共同产生的作用。该理论认为，在日常学习和劳动中，人自身的行为主要是由保健因素和鼓励因素决定的。其中，保健因素能够缓解人们的不良情绪，促使他们积极、乐观的生活。而鼓励因素则可有效激发人内在潜能，增强其前进动能，全面提高其幸福指数和满意程度。该理论的实际应用是重点，即如何有效协调鼓励因素与保健因素间的逻辑关系。对此，若想最大限度地提高人们的热情和积极性，就需要利用其所能够获得的成就和职位晋升来促使其更加努力奋斗、继续学习。与此同时，还应通过制定某些科学完善的规章制度、提高福利待遇、采取切实可行的管理措施等，规避人们负面情绪的产生，确保他们工作的高效性。具体来讲，当前大部分高职学生在日常学习中，都强烈希望获得某些成就，因而往往会挑选某些创新类的高难度目标，以此来增强自己的学习动力，促使自己积极主动学习。但由于精力和时间有限，他们将重心放在这些高难度、极具挑战性的项目上，却严重影响了专业学习的成绩。高职应尽量将精力放在

制定合理学习目标的鼓励机制上，以最大限度地激发学生的学习兴趣，确保其主观能动性的发挥。

（二）公平理论

公平理论的重点是探究动机与实践行动之间的紧密联系。该理论表示，激励作用的大小指的是个人与比较物的产出及投入的具体比重。对于高职学生管理工作来说，很多方面都应用了公平理论，如对教师职位的晋升、对表现优异学生的任命等。如果在这一过程中，教师出现作弊行为，就将会引起其他师生的不满；反之，如果营造了公平、公正的环境，就将会提高学生对院校的满意程度，为他们全身心学习提供外在动力，进而逐渐增加院校在社会中的影响力，提高院校知名度，从而为高职的可持续发展打下良好基础。此外，高职教师在日常工作中应妥善处理下面这些常见现象：其一，构建科学公平的学习目标。对于大学生来说，只要目的明确，就能促使其努力向目标迈进。由于他们存在一个共性问题，即任何事都想做好，因此，利用公平理论能够更好地推动学生目标的实现，为他们目标的达成起到正确指导作用。其二，高职教师应积极组织学生在考试中自觉遵守考场纪律。由于教师与学生在年龄、经验、受教背景等各方面存在巨大差异，在学习中不可避免地存在一定偏差。对此，教师在帮助学生树立自主学习观念的同时，还需强调公平竞争。高职学生在日常学习和生活中，彼此间的生活条件和心理承受能力不同，导致在考试中会出现作弊行为。

（三）期望理论

期望理论是包含管理学和心理学的综合理论。在其看来，激励关键是以目标实现能否为他人带来应有价值能效与实际期待值相乘数值为评价标准。在这一过程中，若是价值能效不断提高，就说明激励在不断增强。但实际上，期望值指的是人在做具体事务前，自身认为目标实现的可能性比重。例如，高职毕业生在决定是否考研时，会衡量研究生对自身的重要意义及自己成功考研的可能性；与此同时，还会进一步分析考研的机会成本。对此，高职如果利用期望理论对广大学生实施管理，需要提前将所有可能出现的结果列举出来。也就是说，能否真正实现帕累托最优，基于此来构建教学方案、制定教学目标等。此外，高职应利用合理的期望值来激发广大学生的主观能动性，争取创造更大的价值。

三、高职学生管理工作中激励理论的有效应用策略

（一）重视学生管理工作过程，培养学生的主体观念

首先，高职学生管理工作在应用激励理论时，应重视过程管理，培养学生主体观念，增强他们的主人翁意识。在高等教育教学中，学生占主体地位；而在高职日常管理工作中，学生则属于客体。他们的学习成果和成长经验需依靠在现实生活中的不断积累，因此，高

职有必要进一步加强日常思想道德教育及管理。学生的先天性决定了他们内心渴望得到教师的关注、成为班级焦点的需求。如果使其充分感到自身重要的主体地位，经常得到他人的关心和照顾，将有利于他们自觉规范个人言行，更加注重自身形象和影响。与此同时，学生也会积极探索，努力进步，以期获得满意成绩，实现预期目标。想要培养和增强高职学生的主体意识，高职学生管理工作人员可通过组织丰富多彩的校内活动、社团比赛等形式，促使广大学生在以自我为中心的教育、监管和服务的实践活动中，塑造高尚情操、完成梦想追求，尽早成为自信、自强、自爱、自主的新青年。

其次，高职应注重培养大学生的自控能力，促使高职学生将以往被迫接受管理转变成对自我的积极管理，进一步加快高职学生独立自主意识的形成，促使其责任感的不断增强，使其深刻意识到对自身言行负责的重要性。对于高职学生管理人员来说，应本着实心实意的原则，为学生提供所需服务，真正从学生角度出发，为他们今后的发展考虑，同时还需注重与学生互动时的工作态度。想要拉近师生关系、加强彼此间的心灵沟通。确保思想政治教育的实效性，就需要高职教育工作者加强日常学生管理，发自内心地喜爱学生、欣赏学生，切实了解学生的真实想法；在构建平等师生关系的基础上，运用自身的情感积极引导学生，与其近距离相处，让彼此在情感上产生共鸣、增进了解，以此来提高学生管理工作的实效性和质量。

（二）利用内外协同配合激励，满足学生的个性需求

高职学生管理工作要想高效运用激励理论，就应积极利用内外协同配合的激励方式，也就是物质激励和心理激励深度融合、彼此配合的一种新方法。其中，物质激励具体指的是依靠现实物质形式来肯定、鼓励、表扬学生的课堂表现和学习成果。在经济来源主要依靠父母的高职学生群体中，通常物质激励对他们的影响效果最为明显，相对来说是目前最便捷的一种激励方式。可是在实践应用中，高职及二级院校在费用上会遇到一定阻碍，并且费用往往有特定的使用要求，只采取物质激励的单一方式，会在一定程度上增加高职和二级院校的压力；并且，学生之间的需求完全不同，具有多样化和个性化特征，不仅涵盖各种程度的物质需求，也包括归属感和尊重等多维精神需求。针对这种情况，高职学生管理工作应利用内外协同配合方式，将物质激励与心理激励紧密结合在一起，确保各项管理工作顺利开展。一般情况下，高职多以精神激励为主，这种单一的激励方式让高职教育工作者在教改过程中，越发意识到师生关系的重要性，使其在思想道德教学中能够积极与学生交流，掌握学生的具体情况，并在此基础上选择针对性的激励方式，切实满足广大学生的现实需要，全面提高学生的学习积极性。由于高职学生已具备一定的分辨力，能够根据自身的经验做出正确判断。因此，高职在确立授奖名单时，应本着公开、公正、公平的基本原则，切实保障学生权益，用实际行动塑造广大学生的正向行为，培养其养成良好的行为习惯。

（三）坚持正负激励双管齐下，促进学生全面发展

高职学生管理工作要想进一步落实激励理论的实践应用，就应采取以正向激励为主、负面激励为辅的双向刺激方式，充分坚持和遵循正负激励双管齐下的原则。其中，正向激励主要指的是对一些为班级、团队或是院校做出积极贡献，在社团组织、院校活动和团队中表现优异、业绩突出的学生实施科学、有效的激励。正向激励制度能最大限度地表达院校对广大学生日常学习或能力表现的高度重视和肯定，切实满足学生的多元化需求，如奖学金方面的物质需求、认同与支持方面的精神需求等。满足学生的实际需求，不仅有助于激发他们的学习兴趣和热情，同时能促使他们主动并全身心地进行学习。此外，正向激励也能让学生真正意识到，只有自己刻苦学习、坚持不懈，才能得到教师和家长的肯定、赢得同学的尊重，为自身的成长和发展储备更多能量；而与正向激励相反，负面激励是根据学生违反的具体规章制度，结合他们对他人造成伤害的行为对其做出适当惩罚。这种惩罚不是对犯错学生进行体罚，而是以沟通交流的方式让学生意识到自己的不足，使其理解"尊重"的本质内涵，保证日后不再犯相同的错误。这种激励方式能够让学生在客观看待自己的同时，及时改正不良习惯。但负面激励带有一定的消极色彩，会带来一定的副作用，尤其是在思想教育体制尚未健全的形势下，可能会使学生的自尊心受到伤害，引起学生的逆反心理和挫败感，高职学生管理人员应谨慎使用。

高职学生正处在朝气蓬勃、风华正茂的年纪，具备丰富、先进的文化知识，积累了一定的生活经验，有着较强的塑造性，肩负着中国特色化社会主义建设的重大使命。为了进一步推动高职学生的成长和发展，为了保证其使命的早日实现，创造良好的教学环境是高职学生管理工作的根本义务。因此，学生管理人员应积极更新管理观念和方式，充分利用激励理论来完善高职学生管理机制，制定合理、有效的管理方案，深入挖掘学生的潜能，最大限度地激发他们的求知欲、积极性和创造性，为高职学生的全面发展提供原动力，为祖国的建设添砖加瓦。

第二章　高职学生管理模式研究

第一节　"四位一体"高职学生管理模式

　　"四位一体"高职学生管理模式是高职领导干部、班主任、专业课教师（以下简称"教师"）和学生自我管理相结合的高职学生管理模式，在很大程度上克服了目前高职领导干部、班主任、教师与学生各自为政的弊端，充分调动了各部分人员的积极性，有利于构建和谐校园。本节简述了该管理模式的优点以及在实施过程中需要注意的事项。

　　一直以来，学生管理是高等院校管理的首要工作，其好坏直接影响着学校其他工作能否顺利开展。因此，每一所学校都对此倾注了大量的人力、物力、财力。搞好学生管理工作，有助于建设和谐校园，提高教学质量，培养优秀的专业人才。

　　目前，高等院校普遍存在领导干部、班主任、教师、学生四支队伍分离的问题，尤其是领导干部往往与学生没有任何的联系。领导干部只负责各自所管的任务，教师只负责课堂教学，班主任只负责学生管理，学生是被教育者与被管理者。四者之间没有很好的相互配合和沟通，导致领导干部、班主任、教师和学生各自为政。鉴于此，积极探索高职学生管理模式，使领导、班主任、教师和学生相互促进、形成合力，是提高高职教学质量、促进高等教育内涵式发展的重要举措。

一、"四位一体"管理模式概述

　　"四位一体"管理模式是指领导干部、专职班主任、教师和班委共同参与学生的管理的管理模式。

　　领导干部是一个特殊群体：既是高职的管理者，又是学生集体的领导者、组织者和管理者。在"四位一体"管理模式下，领导干部起着兼职班主任的作用，主要负责学生综合素质和综合能力的培养。

　　专职班主任是高职学生的直接管理者，是高等学校教师队伍的重要组成部分，是高等学校从事教育工作、开展大学生思想政治教育的骨干力量，是大学生健康成长的指导者和引路人。大学专职班主任对大学生的成长起着非常重要的作用。在平时工作中，他们主要负责学生的日常工作，如学习、自习、考试、纪律、安全等方面的问题，以及学生的情感、意志、人格塑造、人生观、价值观等思想方面的问题。

教师是专业知识的传授者，同时肩负着教书与育人的双重任务。在"四位一体"管理模式下，除了完成课堂教学、课后答疑外，教师还要保持与学生的联系，关注和掌握学生的思想动态，并对学生个体或班级给予学业、就业，以及养成良好品德和行为习惯的指导。同时及时与学生班主任沟通，对学生工作提出建议。在医学院校，部分教师还可以担任医学见习任务，或者是采取"导师制"方式针对部分学生开展特定的培养方案，以促进优秀学生成才。

学生自我管理主要是指由各班级学生选择班干部组成的班委会。一般情况下，班委会的成员思想品德好，政治素质高，积极进步，热心为广大同学服务，有较强的组织能力和管理能力，学习成绩优秀，综合能力强，在同学中有较强的影响力和说服力，在班级的日常管理、学习活动、文体活动、基础文明建设等事务性工作中发挥着重要的作用。

二、"四位一体"管理模式建立的可行性

学生管理工作单靠专职班主任管理很难满足学生的需求，况且随着社会的不断发展，学生的思想也越来越趋向成熟化、复杂化，但这种成熟化和复杂化一般是"夹生饭"。专职班主任面对100多名学生，很难及时、有效地解决所有存在的问题，尤其是深层次的问题更触及不到。久而久之，学生不再依赖班主任解决问题，能自己解决的就自行解决，不能解决又无处宣泄的就等于在心中埋下一颗"定时炸弹"。一旦有诱发因素就会导致恶性事件发生，如校园暴力事件、学生自杀事件等。面对班主任数量不足、工作量大、学生工作落实不到位的现实，必须发挥领导干部、专职教师和学生主体的作用，即在学生管理工作队伍中补充领导干部、专职教师、班委，一方面弥补班主任工作的不足；另一方面由于领导干部、班主任、教师和班委在学生管理中分别扮演着不同角色，会对学生的健康成长发挥重要的作用。

三、"四位一体"管理模式的优越性

（一）密切了领导干部、教师和学生之间的联系

在"四位一体"管理模式下，领导干部可以及时地了解学生的学习情况、生活情况、思想动态，进而积极改进工作，更好地服务于学生；班主任可以上与领导直接沟通，下与学生联系，成为领导与学生之间沟通的桥梁；教师与学生之间的联系进一步加强，除了课堂学习，还有了课下、课外的联系，可以教与学相长，及时纠正和弥补教学中的不足；学生则可以及时解决学习中遇到的问题。

（二）使各方面的工作顺利展开

人们普遍有一种"敬官、畏官"的心理，有些政策由领导来传达可以更好地起到威慑

的作用，可以更好地传达学校的政令。就笔者所在的学校而言，班主任都是专职的，并且都是刚刚毕业的大学生，他们的年龄与学生差不多，工作经验欠缺，这就导致他们在学生面前没有威信，在传达会议精神、布置工作任务时没有一定的效力，导致工作很难开展。这时候如果有领导干部加入班级团体，协助班主任进行管理。由于领导干部本身的工作经历、职位级别，在处理一些重要事情时会更加有利。

（三）加强了相互监督

领导干部在完成兼职班主任工作的同时，对专职班主任的工作也起到了监督促进作用；班主任随堂听课则对教师的课堂教学起到了监督的作用，在一定程度上避免了教师课堂教学的随意性；而学生则成为领导干部、班主任、教师工作的见证者，可以通过学生"评师、评教"来考察各方面工作的成效。

四、实施中需要注意的问题

（一）明确责任，合理分工

在"四位一体"管理模式中，首先，应当明确各部分人员的责任，既要防止互相推诿、扯皮，又要防止越位管理、家长作风、包办代理。各类人员应尽可能地完成自己所负责的责任，遇到疑难重大问题可以共同讨论协商。其次，研究制定适合本学校的《专职辅导员工作条例》《兼职班主任工作条例》《专职教师学生辅导工作条例》，把各自工作职责细化变成可操作的规则。

（二）树立典型，以点带面

首先做好试点，在某一专业、某一班级做好示范，总结在实施过程中遇到的问题，及时总结经验和教训；等经验成熟以后，逐渐向全系、全校扩展。

（三）做好保障，服务师生

"四位一体"管理模式需要充分调动各方面的积极性。因此，学校要全方位做好后勤保障工作，乃至经济方面的补偿，比如针对晚上辅导的老师给予交通补贴等。

（四）构建"四位一体"管理模式

该模式的目标是整合教育教学资源，形成管理合力，增强班级管理功能，关键是组建班级管理教师团队。

高等教育发展到今天，高职的管理模式、管理体制百花齐放，从实际出发，各具特色，各有所长，真正做到了理论联系实际。"四位一体"管理模式真正实行时，会遇到很多实际问题和困难。然而，创新没有固定的模式可以遵循，只要是有利于学校、教师和学生发展的体制就是创新，就值得我们一试。希望本节能抛砖引玉，引起同人的思考。

第二节 家长参与高职学生管理模式

如何处理高职学生突发的危机事件，已是当前高职学生思想政治教育工作的紧迫任务。家长参与高职管理是家长发挥主动性、实现家校合作的有效方式。虽然存在一定的制约因素，但可以通过新生家长会、辅导员通话制度、新媒体互动、家长委员会和校友会等途径进行创新，以增强高职思想政治教育工作的针对性和有效性。

时代的变化给当代高职学生的心理和思想带来了许多新的变化，高职学生的价值取向也呈现出许多新的特点。在此种背景下，不少高职出现了与学生相关的突发危机事件，因此如何处理这些事件是当前大学生思想政治教育工作的紧迫任务。

一、家长较难参与高职学生管理的原因

家长参与高职管理是家长发挥主动性、实现家校合作的有效方式，能够弥补高职难以开展家访工作的不足，能够掌握学生情况，促进家校联系。然而，家长参与高职学生管理存在一定的制约因素，阻碍了家长走入高职、走进管理的步伐。

（一）家长不重视校访

在中国，家长把子女升学作为第一要务，认为只要孩子考上大学就算大功告成。学生考入大学以后，家长把承担学生的学费和生活费作为主要职责，把教育看成学校的事，即使来到学校也很少与辅导员见面。据调查，在"子女上大学以后，家长主要通过什么方式对子女进行关心"这一问题上，回答"经常来学校关心"的家长仅占2.2%，回答"经常打电话关心"的家长占96.04%，回答"经常写信询问"的家长占0.44%，回答"通过辅导员了解情况"的家长占0.44%。一旦出现意外，家长往往追究学校的责任，却没有意识到自身的责任和义务。

（二）家长不配合学校工作

当代高职学生的家长多数受过良好教育，能够在子女学习和就业方面提供指导和帮助。但在涉及子女利益纠纷时，有的家长却缺乏理性判断。他们来到学校不仅不配合学校开展工作，反而给学生带来负面影响，为学校思想政治教育工作增添了阻力。

个案1：某高职大一男生李某，因口角被同宿舍另一名男生打伤致鼻骨骨折。起初，李某接受对方道歉，同意双方和解，并接受一定的经济补偿。但李某家长到校后，看到李某鼻骨高肿，心疼不已，不接受对方道歉，以坚持司法惩治为由要求对方一次性赔偿现金

20万元。学校几次进行调解，李某的家长都不肯让步。打人一方家长出于对学生的未来考虑如数赔偿，李某担心对方打击报复，收到赔偿金后就办理了出国留学。

个案1中，李某家长爱子心切可以理解，但处理问题缺乏冷静，不仅使李某中断学业，而且给李某的成长带来了负面影响。实际上，学校有经验、有能力处理类似打架的突发危机事件，家长如果配合学校工作，就完全可以避免两败俱伤的局面。

（三）学生不愿家长干预

中国的教育体制虽几经改革，但学生还是只有在步入大学以后才开始感受到自由。他们终于摆脱了家长的束缚，不愿家长干预自己的学习和生活，只有在经济陷入危机和遇到解决不了的困难时才会向家长求助；他们也不愿与辅导员沟通，在家长与学校之间形成了一道鸿沟，高职思想政治教育工作才处处容易出现空白点。

个案2：某高职大一男生程某，以贵州省黔东南苗族侗族自治州某县第一名的成绩考入重点大学。该生入学以后沉溺网络游戏，经常一周不回宿舍。辅导员发现他旷课以后多次与其谈话，但他仍沉溺网游。一学期下来，程某旷课超过50节，被勒令退学。

个案2中，程某从未告诉过家长自己在校的情况。家长以为他跟高中一样努力学习，对他考入大学以后的学习情况和表现一无所知，最后他父亲来校接他回家已为时已晚。如果学生主动与家长沟通情况，那么家长和学校一起做工作，这名县高考状元也不至于退学。

（四）高职辅导员配备不足

教育部规定，高职要按师生比1：200配备专职辅导员，但很多高职都很难按比例配齐辅导员。在实际工作中，新上岗的辅导员不仅要担任几个班的辅导员，还要承担学生管理的行政工作，因此很难抽出时间与每个学生家长进行联系。而且，很多学校安排任课教师担任辅导员，他们的教学和科研任务繁重，做好班级工作已属不易，很难经常与家长联系。

二、家长参与高职学生管理的新途径

尽管高职学生家长参与高职学生管理存在很多的制约因素，但根据笔者多年的学生工作经验，认为可以从以下几方面尝试开辟新途径：

第一，成立家长委员会，搭建家校联系载体。高职可借鉴中小学家长委员会的经验，成立家长委员会，促进家长之间的交流，集中反映家长的意见，积极参与学校的教育工作。浙江大学、福州大学、扬州大学和南京师范大学等高职率先成立了家长委员会，搭建起家校联系的重要载体。

个案3：从2006年开始，浙江大学外语学院尝试在2006级新生年级组建家长委员会，旨在更好地开展大学新生始业教育，丰富学校教育的渠道和途径，整合学校、家庭、社会力量，构建全员育人的格局。该学院将家长委员会工作的定位为沟通、协调学校和家庭对学生的教育作用，实现家长对学校教育教学过程的参与和监督，通过家长的渠道作用整合社会资源和力量支持大学实现更加优质的人才培养。经过七年的摸索和实践，浙江大学外语学院家长委员会已经建立起一套行之有效的机制。家长不仅介入学生教育管理监督，还形成了主动关心学校及学院发展、关心孩子在校情况的习惯和热情。

建议高职摸索和推广家长委员会模式，加强家长和学校的联系，发挥家长对高职学生管理的建议和监督职能。一是学校定期召开家长委员会，了解家长的需求，听取家长的意见和建议；二是加强信息沟通，通过网络、简报等方式确保家长委员和学校之间的信息通畅；三是学校邀请家长委员参加校庆、开学典礼、毕业典礼等重大活动，关心学校工作，并进行必要的监督。家长委员会是学校教育管理的延伸，是家长参与高职学生管理的新途径。

第二，辅导员可建立通话制度，利用新媒体与家长互动。家长应该经常与辅导员通电话，从而了解学生的情况。在实际工作中，由于家长工作、家务繁忙，不能保证定期与辅导员通电话，互通电话制度由辅导员落实更合适。辅导员应每个学期至少与学生家长通一次电话，使家长了解学生的在校情况，同时了解家长和学生的想法。家长即使不能经常到校，也可以通过电话了解学生的学习和生活情况。同时，家长和辅导员可以利用新媒体进行动态联系，通过微信、微博、短信、腾讯QQ等方式保持互动，使家长能够了解学生的日常表现和学习情况。建议学校开设微信公众平台，基于学生的需求提供学习、生活、工作等信息，搭建集及时性、有效性和互动性为一体的信息人性化传递平台。家长可以通过这一平台了解校园新闻和班级活动，共享校园信息。同时，对有问题的学生，辅导员可以通过微信向家长反馈学生的情况，随时与家长保持互动联系。通过固定的学期通话和平时的动态联系，学校和家长能够互相沟通信息，防患于未然。

发挥校友会作用，充分利用校友资源。高职校友会是一个在高职领导下的群众性、非营利性联谊组织，是以联系校友、服务校友，宣传母校、服务母校为宗旨，既适应大学发展需要，又满足广大校友自身发展需求的社会团体。校友会中有一个特殊的群体——家长校友，他们不仅是学校的毕业生，还将自己的子女或亲属送到自己曾就读的高职。这些既是亲人又是校友的家长对学校有着特殊的感情，既对母校怀有感激之情，又期望学校把子女或亲属培养成才。他们愿意参加母校活动，为学生成长、学校发展贡献力量。高职应充分发挥校友会的作用，使校友参与到高职学生管理中来。一是邀请校友参加"校友论坛"，建议校友会举办"校友论坛"，邀请优秀校友给在校生举办讲座，将他们的奋斗经历和学习经验分享给学生，发挥校友的育人功能。二是向校友征集意见和建议。鉴于家长校友的特殊身份，学校的发展与他们休戚相关，他们也密切关注学校的发展和进步，校友会应通过座谈、电话、邮件等形式征集他们对高职学生管理方面的意见和建议，推动学校不断提高学生的管理能力。三是联系校友提供实习与就业机会。校友会要发掘校友资源，让有能力、有意愿的校友为在校生提供实习和就业机会，为学生拓宽就业渠道，增加就业机会。

第三节　学分制条件下高职学生管理模式

学分制的高职管理模式是我国教育的一项重要改革措施。学分制的管理不是一个单一的管理方式，而是需要一个高职整体的系统进行配合，一同运作。教学方面、后勤方面、学生管理方面一起配合，才能起到学分制管理模式应有的效果，实现管理的高效性、合理性。学分制的管理模式让更多的学生能够在高职有一个更好的提升。本节将进一步探讨学分制条件下高职学生的管理模式。

在教育发展的不同时期，我国在教育管理方面有着不同的管理模式，而且教育模式的发展是紧跟时代步伐的。全球多元化的发展，对我国的教育模式提出了新的要求。传统的学年制高职管理模式已经逐渐不能适应社会发展的需求了，在高职实行学分制的学生管理模式已经是一个十分必要的教学需求了。学分制管理模式，在一定程度上改善了过去教学体制的弊端，使管理模式更加人性化，使教学过程更加生动活泼。然而，学分制管理模式对教育系统有着很高的要求，必须有其他管理方面的全面配合。

一、学分制管理相对于传统管理模式的巨大优势

在实行学分制管理模式之前，我国实行的是学年制管理模式。学年制管理模式也有其存在的意义和一些方面的优势。

学年制管理模式在专业设置方面有着较强的指向性。学校设置课程的时候结合了专业的特点，这样的模式能够让学生更快地接触到自己所学的专业和能涉及的知识，使学生在走向社会之后在就业方面有着很大的优势，可以快速地融入工作之中，而且在工作中能够有进一步发展的空间。

学年制管理模式是一种较为简单的教学管理模式。每个班级的课表都是统一的，在选课方面十分简单；但是从另一个角度来看，学年制管理模式也在一定程度上限制了学生的个性发展。由于学生的课表相同，平时的活动较为集中，更有利于集体活动的开展。学生在其所学的专业中能够快速地找到一群志同道合的人，为自己以后的工作打下良好的铺垫。

随着教育体制的改革，这种传统的教育管理模式已经不适应当今多元化社会的要求了。当今的学校培养要适应市场需求，专一的专业培养太过死板缺乏灵活性。学校的管理模式应该扩展专业的发展方面，让他们拥有的个性能够得到充分的发展，让学生能够选择自己想学的课程。

与传统的管理模式相比，学分制的优势主要体现在以下几个方面：

第一，极大地提升了学生的素质。学分制管理模式的实行，能够促使学生德智体美的全面发展。在学校中营造一个良好的成长氛围，对于提高学生的素质有着很大的推动作用。

第二，为学生的个性发展提供了空间。学生是学习的主体，他们有权利选择自己学习什么，不学习什么。在时代飞速发展的今天，学生已经能够明确地知道学校之外有着多么大的舞台和机遇在等待着他们。他们知道自己需要具备什么样的素质才能在激烈的社会竞争中占有一席之地。学分制管理模式能够充分调动学生学习的主动性，让学生为自己的未来做出抉择，增加他们的使命感，同时在一定程度上提升学生的积极性。

第三，提高了教师教学的高效性。学生在选课的同时也对教师的讲课质量进行了变相评价，这样会提高教师教学的积极性。教师努力提高自己的教学质量，有利于教学效果的提升。

学分制管理模式的实行，从某种角度上来说是教育模式受到了经济体制的影响，也可以说是教育模式和经济体制变革的适应。学分制的实行势必会对传统的高职管理模式提出一系列变革的要求，同时也出现了一系列的问题。由于学生可以自由选择自己喜欢的课程，所以以往一个班每天上同样课程的现象就不存在了。这样的话，大家对于班集体这个观念在一定程度上就会弱化，对于学生素质的评价不再是以往的以班级或者年级为单位，学校的奖惩制度的对象更加偏向于个人，对于学校党团组织的稳定性起到了一定程度上的冲击。

二、学分制管理对高职学生工作的重要影响

（一）培养学生的综合素质才是学生工作的最终目的

学分制管理模式的实行导致了班集体概念的弱化，致使很多教育工作者的职能出现了相应的变化。但是教育工作者的教学目的却是一直不变的，那就是提高学生的综合素质，培养他们全面发展，让他们能够掌握专业知识，为之后走上社会提供竞争力，同时对他们进行思想道德教育，让他们明白德才兼备才是一个优秀人才的必备素质。

（二）开展学生工作是对学生进行素质教育的必然要求

对学生进行素质教育是高职学生平衡发展的必然要求。它是我国教育整体发展的重要一环，只有提高了学生的综合素质，才能够在根本上提高我国的综合实力。正所谓"少年强则国强"，只有提高了民族素质，才能提高我国的整体素质。学分制管理模式让更多的高职学生能够得到多方位的品质培养，增强了他们的综合素质，使他们能够为国家做出更多的贡献。

（三）学生工作的开展能够提高教学的高效性

高职应该建立优秀的师资力量，可以定期对教师进行培训。培训的目的是使教师既能够对学生在思想道德上起到很好的引导作用，也能够在专业课程方面给出实际的指导。在学分制管理过程中，学生要了解自己的优势和劣势，选课的时候不能盲目，在结合社会需求的同时也要端正学习态度。

三、学分制高职管理模式的具体实施措施

（一）加强宿舍区的管理

由于学分制的实行，班级概念被弱化，高职对于宿舍管理这方面就一定要抓紧。高职应该以宿舍区为单位建立管理区，在辅导员的配备上也要以宿舍为分区原则。高职还可以在宿舍生活区建立党团组织，时常开展思想工作教育，把宿舍生活区作为思想教育的基层工作展开区。可以多组织以宿舍管理为核心的集体活动，从而增强学生的集体意识，加强宿舍生活的管理工作。

（二）加强学生中的党团组织工作

在学分制管理模式下，班级意识被学生弱化了，但是它对于班级建设却是不能忽略的。在新的管理体系之下，班级的团组织与宿舍管理同样有着重要的意义，但是它们的分工不同。班级的团组织主要负责档案管理、学籍管理等日常工作；而生活区的管理组织主要负责对学生进行日常的思想上的引导，并教育进行宿舍文化和校园文化的开展和传播。学校应该多在这些方面进行管理。

在党组织教育中，要注意引导学生树立正确的价值观，有些学生参加党校思想政治教育的动机不纯，有的是为了当前国家形势的需要，有的仅仅是为了得到文凭作为将来找工作的敲门砖，甚至有些学生参加党校学习培训是为了结交大量的朋友，希望对自己的仕途有帮助，让自己更上一层楼。他们都将精力用错了地方，没有及时摆正参加党校思想教育活动的心态，学习效果是可想而知的。有些学生没有理解学习思想教育的重大意义，认为学习思想政治理论对他没有多大的用处，不参加党校的思想政治教育学习照样能完成自己的工作，缺乏学习思想政治教育的积极性；有些学生利用各种借口或者工作掩盖自己不去党校培训学习的事实，在学习思想政治教育中一直处于被动的位置，不能全心全意地参加党校培训学习。

（三）对学生工作进行内容的扩展和延伸

从根本上来说，学分制的实行为学生提供了更加丰富、优质的服务。学校可以在学生较为集中的生活区建立一些为学生服务的机制，包括对大学生创业就业的指导、勤工俭学的安排之类，以满足同学们对于自我提高和日常生活的需求，还可以不断地推出新的活动，让更多的高职学生从中获取更多对自己有用的知识和能力。

（四）将思想教育融入学生的日常生活之中

学分制管理模式的实行，在一定程度上解放了传统教育模式对学生个性的束缚，但是在学生思想教育方面会面临更多的难题。高职要将思想道德教育以及价值观的树立融入学

生的日常生活之中。大学教育不仅仅是给学生提供理论知识，还要给他们创设一个能促使他们思考、加速他们锻炼的自由环境。高职学生主要的生活和学习的场所就是校园。一个校园有着积极向上的良好氛围的，对于高职学生正确的价值观的培养是有着重要意义的。学校的作用不仅仅是要教给学生具体的知识，还要让他们学会解决问题的途径和方法。思想教育的主要目的是培养学生的综合素质，使其无论从思想上还是从能力和思维方面，都可以有正确的理念。

当今社会需要的是德智体全面发展的高素质人才。学分制高职管理模式的实行，既能够加强学生的思想道德教育，让他们有一个积极、健康的价值观；还可以充分调动学生学习的积极性，使他们充分掌握专业知识，为今后走向社会奠定一个良好的基础。但是，学分制管理模式对于教育工作者却有着十分严格的要求。教育工作者要将学生视为管理的主体，学生既是管理的对象也是服务的对象。高职不仅要对学生进行学业指导，还要进行思想教育、生活服务等其他方面的安排。只有各个环节相互配合，才能真正地将学分制管理体系运作起来。

第四节　大数据时代分析高职学生管理模式

在互联网络广泛普及的计算机技术时代，种类繁多的巨大信息数据体系将人们不经意地带入了大数据时代。根据对虚拟数据认知的改变，高职管理模式在新的层面产生了另一种不同的建设模式。高职应总结以往高职学生管理模式的不足和难点，以大数据时代为前提建立更有针对性的管理模式，分析社团这一组织形式对高职学生管理的积极意义，探索有效的、实质性更强的高职学生管理模式。

大数据的规模庞大，数据背后可挖掘可利用的价值是大数据的优势之一，但这些特征不能完全地概况大数据的全面意义，大数据时代的不断变化使其定义也不断地被充实和扩大。国家发展一定是以教育为基础的，如今国家建设得如此强大与高职教育成果是分不开的。随着各大高职规模的扩大和发展，原有的师资力量显得有些单薄，这直接造成了管理力度缺乏和管理混乱的现象，教育团队超负荷的工作使管理模式老旧而缺少新意。然而高职学生对大数据时代的海量信息的应用，让高职教育工作者看到了新的希望。在师资条件短缺的情况下，高职应与大数据进行尝试性的融合，从而建立管理模式的创新。

一、大数据概述

（一）对大数据的理解

从宏观的角度来说，大数据的庞大数据规模和其背后可利用的价值是它的主要特征。从细致的角度去观察大数据，它还有着快捷、真实、繁杂的微观内涵。我国现阶段的一些思想转变对大数据造成的作用有：数据的全面化分析对事物本质的影响；数据的庞大、无章使人们不再深究它的准确性；事物的因果关系复杂而不能有效被掌控，导致重心变成了对彼此之间关系的关注。

（二）深入认识大数据

在高职学生体系中，每名学生都拥有截然不同的信息情况。近两年来，高职学生更喜爱通过微博这类社交平台，将自己和身边人的写实自拍、原创的搞笑视频片段等有鲜明个人特色的内容发布出去，这就产生了多元的社交群体。高职学生之间的交互式评论使信息数据不间断地增长，这个速度正以惊人的增长势头刷新着人们的价值观。在大数据时代先进的教学管理模式中，一些与时俱进的变化也是不错的特征表现。如高职学生学籍的注册、与校内生活消费息息相关的校园卡、学生的课时出勤、学生课业选课、考试成绩等，都是以新媒体应用形式与高职学生进行有效的联系。这些贴近高职学生生活的大数据分析，展现了数字信息领域已经在高职学生管理中起到了很好的作用。

（三）不完美的大数据

大数据的内容繁杂、不稳定使其显得混乱而难以被掌控。各高职的管理系统并没有明确的建立模式，一成不变的管理模式和手段完全不能满足大部分高职管理工作者的需求。学生的数据信息的不统一使其准确度大大降低，这让大数据的优势大打折扣，也让高职学生的管理在应用中处处碰壁。传统数据分析方法导致大数据资源不能更好地被利用，众多高职基本都是以传统的纸质问卷形式来调查数据，将其作为参考样本，但这种延续了很久的抽样统计有很大的受限性。明明可以利用更快捷、更有效的大数据环境进行更精准的信息统计，却还要固执地坚持使用传统的方法，随之产生的负面效应也是很麻烦的。

二、大数据时代的高职管理

（一）管理目标

在新媒体环境下，高职教育者应积极地利用信息数据的优势，面向高职学生制定更便捷、更吸引人的管理目标。高职学生中存在的一些小众群体并不能很开朗、主动地参与学校活动，那么通过对这些学生信息数据要进行分析研究，能够制定更精准的管理目标，了解他们的优点并加以提拔，使管理效率和成效保持一个良好的发展趋势。构建良好的管理目标要依托科学化的制度，灵活地将理论基础和实践相结合。在这个目标制度下，高职学生可以更主动地参与进来。当然不完美的管理目标的制定会让一些学生感觉难以接受，处在青春期，逆反心态很强的他们，很可能以消极的态度应对管理者。所以，制定相对高质量的管理目标对于高职学生管理有很重要的作用。

（二）理念影响

大数据的应用为高职学生管理者提供了更直面内心的个性化服务形式，教育者利用信息数据作为核心服务于管理思想，以新颖的方式呈现校园信息的构建和整合。信息数据也是有它自己的文化的，已经从虚拟不可触碰的形式演变成可控的强大资产，以新兴的物质经济模式像货币形式一样存在着；通过不同的层面，将大数据独有的文化渗透进高职学生管理模式中，达到微观决策到宏观决策的良性过渡。以人为本是教育者在高职管理中需要坚守的信念，不论从学生的角度还是站在教师立场上，互相扶持是必要的管理模式趋势，应达到师生共同成为被管理的目标。大数据是教育者、学生和管理者之间的桥梁，无形地牵引着每一个阶层，以便让大数据在教学管理中提供更好的服务。

（三）管理困境

信息数据过于简单性和表面性的收集，对原本就处于管理模式建设水平参差不齐的高职大数据造成了不小的资源浪费。想实现个性化的教育模式就更加困难了，进而影响了教育进程和管理效果。高职学生在原有的管理模式中信息接收过于单一，比如在校园内衣食住行方面的信息应用只能以独立的形式存在，相互之间不能建立方便的信息锁链，学生在校期间的各种情况只能依靠各信息平台独立地统计，无法将在校的所有信息轨迹做出综合、准确的总结。师生在校园内的活动中产生的所有数据，是评判高职管理这一重要工作的信息基础。管理模式在工作中需要努力地学习和维护，将管理系统模式的构筑与大数据相融合，将管理难度尽可能地降低。高职学生管理要建立正确的信仰和引导价值观，杜绝"后门"和捷径，教育管理模式的良性发展才能不会被破坏。

三、高职社团在大数据管理中的作用

（一）社团管理的重要性

随着新媒体数据时代的到来，各高职通过对社团的管理，更精准地得到学生的真实信息数据。学生通过在社团活动中展现自身的能力，将他们不常见的一面更好地展现出来，他们自愿加入自己感兴趣的社团组织来丰富课外业余生活。社团的多种多样和差不多的规模构建，更便于管理部门对学生信息资源的掌控。有些学生还主动提出在社团中担任领导职务，这使得学生在未跨出校门之前能够得到很好的历练，对学生的发展和成才起到了重要作用。如何将社团管理提高到一个可观的重视程度，也是高职管理者的必要责任，他们有义务在这个大数据潮流中，对有鲜明特点的社团给予重视。社团和管理之间要有一个良好的互动，针对社团管理来促进管理模式的完善和作用的发挥。

（二）现状与问题

任何形式的管理都会遇到问题，社团管理也不能逃脱这样的命运。我国高职虽然都已普及了社团模式，社团种类也飞速的成立和发展，但社团管理却发展较为缓慢，矛盾和问题越演越烈，难以改善。造成这一恶性局面的原因主要是，管理模式和社团自身的构造之间的问题，管理者的不够成熟导致原本是高职学生自发组建的社团中总是产生不必要的矛盾冲突。如果管理者不能控制好自己的情绪，那么这个自愿组建的群体就会变得散漫而不易管理。最初加入社团是学生为了更好地利用剩余休息时间，目的很直接、很明确、很单纯，他们从未想过社团内部也存在责任。社团管理者对社团相关资料粗心的记录和不妥善的保管，使得管理工作在开展时由于数据不完整而无法实现连续性。

（三）大数据下的社团管理

过去的社团活动大都以室内或户外性的参与式形态出现，如唱歌、跳舞、琴棋书画、野外郊游等社团实践活动，这些活动要求社团成员必须以亲自到场为参与标准。随着大数据时代新媒体的广泛普及，社团活动也增添了新的活动方向，管理者组织社团成员以信息技术为支持，通过自媒体的应用创建了很多新鲜的社团活动。例如，某高职的社团凭借新媒体视频应用的便捷，组织成员不定期的录制一些颇有讽刺社会不良现象的短片，经过后期剪辑成微电影，然后发布在互联网上，得到了广泛的关注和好评。在这一过程中，社团成员完全不需要全部在场参与。这样社团活动展现了更方便、更有趣的一面，社团管理也将更轻松。所以说，大数据下的社团管理模式也是高职学生管理的一种必不可少的构成。

四、大数据管理模式的创新

（一）大胆突破管理模式

高职应提高管理质量，进一步进行研究创新，在原有管理模式中摸索出新的领域，真正以大数据为突破的技术准绳，使得大数据服务于新型人才的培养。新型人才不局限于高职学生，管理团队和教师团队同样需要这种人才，因为除了书本上的枯燥知识，有时候学生的信息认知反而高于管理他们的教师。教师不能把自己的工作当成一百年不变的"铁饭碗"，如果不加以更新它终有一天会被新兴的大数据时代所淘汰。

（二）网络远程公开课的开展

云课堂这一新的学习模式，是通过互联网实现的网络远程教学管理模式。这是一个技术开发下的产物。在开放性的大数据时代中，云课堂可以让学习与管理在不需要面对面的情况下就可完成。在某些不可抗力的自然灾害后的重建过程中，为了保证教育和管理的不间断性，为了不耽误人才的有效培养，可以利用公开课形式的云课堂进行弥补。

综上所述，大数据时代是管理模式的创新。新媒体数据信息的应用使高职的管理更具有鲜明的特色，在创新制度的构建中做到兼顾优点和缺点，让高职教育模式的现代化进程更稳健，从而与国际先进的教学模式和管理方法齐头并进。

第五节　网格管理与高职学生管理模式

随着高等教育的快速发展以及管理理念、管理模式的更新换代，高职学生管理工作面临新的挑战。在大数据背景下，引入高职学生网格化管理概念，将网格化管理模式运用于高职学生管理工作势在必行。本节在分析高职学生网格化管理概念的基础上，提出构建网格化管理体系的具体功能要求，优化当前网格化管理模式，最终搭建高职网格化管理平台，为其推广和实践提供理论基础。

高职作为社会的一个重要组成部分，其稳定发展影响着全社会。近年来，高职的食品卫生问题、学术腐败、教管人员行为不端、学生过激行为等事件频发，不仅造成了学校人员、物资的损失，也对高职的正常教学秩序和学生学习生活产生了影响。高职的学生管理工作已成为社会关注热点之一，高职的平稳发展对于社会安定具有重大意义。因此，提升高职学生管理工作的效率，转变管理思路，建立快速、有效的管理模式至关重要。在大数据时代，网格化管理模式的应用是顺应我国当前社会管理趋势的必然选择。同传统的管理模式相比，网格化管理模式对高职学生在学习、生活中遇到的问题能及时预警，并能够采取有效措施及时应对，有利于高职管理资源的整合、调配。通过建立、优化高职网格化管理模式，能够提升高职应急管理能力，降低突发事件发生的频率及不利影响，提升高职的管理效率，促进高职的稳定发展。

一、高职学生网格化管理的概念

高职学生网格化管理是一个全新的管理模式，社会学者对其概念的定义各不相同。当前，具有代表性的观点有以下几种。

第一，高职学生网格化管理主要是在现有的网络系统、基础数据库的基础上，运用信息化技术、协同处理概念等，搭建协同工作平台进行统一管理。

第二，高职学生网格化管理就是采用单元网格管理法，将信息技术运用到网格管理中，整合每个单元格反馈的数据，进行立体且全方位覆盖的学生管理。

第三，高职学生网格化管理是指将信息化作为手段，整合高职各种管理资源，以校园、管理部门、宿舍、学生为单一网络单元格，及时发现并解决各环节反馈的问题。

本书认为，高职学生网格化管理就是依托统一的校园管理和数字化信息平台，将校园管理辖区按照属性、规模划分成单元并组成网络。通过加强对每个单元网格的监控和巡查，建立一种监控和反馈互相融合的方式。大学生网格化管理是指在现有高职学生管理体制的基础上，对管理阶层、运行和反馈机制等方面进行优化，将管理范围深入单个网格单位中，将管理事务划分为单独部件和单独事件，明确管理的标准、流程和责任主体，建立相应的组织保障体系，整合现有的信息技术和大数据系统，形成科学的管理系统，实现管理的网络状处理模式。

二、国内高职学生管理模式中存在的问题及现状

随着我国社会的快速发展，高等教育的改革不断深化，各大高职招生规模逐渐扩大。目前，大部分高职针对大学生的管理还沿用传统的模式，即以辅导员、班主任为管理主体，以学生为管理对象，对发生的学生问题进行处理的模式，行政倾向性较强。这种学生管理方式已经难以适应形势变化。因此，高职管理人员必须转变学生管理工作理念，及时调整管理模式，全面深化改革，革新高职学生管理工作。国内高职学生管理模式存在以下几个问题：

第一，管理层级结构复杂，效率低下。当前，大部分高职学生管理工作主要由校学工处总领，各院系学工办公室负责学生的具体事宜，线性垂直管理容易出现学工与教务办各项工作交叉重复的现象。各部门之间未能打通屏障，造成学生的信息、数据收集出现重复现象，学生管理过程中的问题反馈也难以及时处理。同时，这种管理模式的时效性差，不仅造成资源成本和人力成本的增加，也不利于及时、有效地处理突发事件。

第二，管理阶层权责不清。高职管理队伍管理职能交叉，易发生互相推诿责任、无人负责的情况。管理学生由学校的团委、学生工作处负责，这两个部门不仅要负责学生的团建党建、评奖评优、学生教育以及各类检查竞赛等工作，还要参加各类行政会议，应对各项检查，同时还要负责向上级领导反馈信息，行政事务较多。繁杂的事务导致管理人员难以有时间创新管理模式、提升管理效率。同时，基层管理人员直接面对管理对象，被赋予的责任压力较大。仅凭有限的基础管理人员把控全体学生的信息难度较大，与学生的沟通往往只能停留在表层，人力的缺乏也导致这些部门难以及时掌握学生动态。庞大的工作量导致管理人员常常心有余而力不足。部分管理工作因具有私密性，导致数据难以互相流通，使得很多综合性事务在落实中产生很多问题，处理流程烦琐，进度缓慢。

第三，信息平台建设落后。高职对于学生管理中的数据采集方式落后、采集标准不同，导致信息采集分散、重复量大，浪费了很多人力成本和时间成本。各部门只收集当时需要的数据，如学工部门只收集学生晨跑、奖惩、个人信息，教务部门收集学生成绩、学籍变动等信息。各部门之间易产生信息孤岛效应，不利于对学生进行统一管理。

三、高职构建学生网格化管理模式的必要性

中共中央《关于全面深化改革若干重大问题的决定》指出，要以网格化管理、社会化

服务为方向，健全基层综合服务管理平台。在城市管理改革与信息化建设融合的背景下，很多地方的数字化城市建设早已展开，但高职学生的网格化管理研究还处于萌芽阶段。近年来，高职学生的安全稳定受到社会的密切关注。作为社会组成的一个重要部分，在高职采用网格化的管理模式不仅能提升高职的管理水平，还能减轻高职管理者的工作压力，提升工作效率。

随着高职规模的扩大，招生人数也逐年增加，科层制的管理模式已难以适应当代高职学生管理工作。科层制的管理模式过于单一，科层组织内部各级结构、人员职责、权限等都受一套严格的规章限定，成员在组织内的所有工作必须要严格遵循规章制度，使谨小慎微，缺乏主动性和创造性。当前的学生管理工作与现代社会的学生管理问题存在脱节现象，学生在安全管理、心理健康辅导等方面都进入了瓶颈期，急需变革管理模式。

在大数据时代，学生个性突出，对自身权利的诉求更加迫切。构建高职网格化的管理系统，有助于高职管理者解决在学生管理过程中遇到的问题。网格化系统能够将各处的信息迅速汇总起来，便于提高管理工作的系统性和时效性。高职在管理体系中坚持"以人为本"的理念，使人的价值得到最大限度的发挥；可以利用学生丰富的想象力和创造性，创建适合学生生活的校园环境，使学生全方面健康发展。只有将需求和目标紧紧联系在一起，改革并优化高职网格管理模式，学校的管理水平和人才素质才能得到进一步提升。

四、高职网格化管理平台的构建

高职可以利用现代网络技术和信息技术，结合数字校园建设，将网格化管理理念应用到高职学生管理中，构建以高职学生信息数据为基础，以各学院管理部门、帮扶中心、党员服务站为中心，以信息化为手段的高职学生网格化管理模式，构建高职精细化、人性化的管理模式，进而提高学生管理效率，这是高职管理模式的一个重大突破。同时，高职可以在管理过程中运用、发挥各网络单元格的协同功能，不断完善网格管理平台，整合各类资源，实现管理过程中的资源共享。高职学生事务管理应用网格化模式还需注意以下几点：

（一）单元网格的建立

将学生宿舍进行网格化区分，以班级、宿舍为一级网格单位。当前高职宿舍安排基本以院系、专业为单位，相同院系专业的学生一般安排在同一宿舍或同一楼层。建立宿舍区域的网络单元格需要将学生公寓以楼层、楼栋进行划分，每一栋楼、每一个楼层均可设置网格管理员，网格管理主要负责对对应区域的安全、矛盾纠纷等信息进行收集和反馈。通过调动预备党员、党员、学生干部的积极性，可以在一定程度上实行学生的自治，减少学校的负担，减少学校人力资源分配的压力。

以学院为二级网格单位，设立网格片区，由辅导员、支部书记担任负责人，接受一级网格员反馈信息，处理超出一级网格员能力范围的事宜。

在校主管部门成立三级网格单位，负责汇总二级学院上报的各项事宜，负责重大突发事件的应急管理。在未改变学校管理体制的基础上，通过对运行机制、功能和体系结构的优化重组，以及对最小单元格的构建，来对每一个网格进行实时、动态及全方位监控，从而对网格内的学生开展及时、有效的多元化和人性化服务，实现对传统科层制管理模式的变革。

（二）建立有效的网格管理平台

高职应在现有的数据信息系统中，建立并完善互联、互通、互操作的网格管理公示平台。网格管理平台不仅需要对学生的身份、户籍、学籍、家庭情况等基础信息高度集成，还应具备信息的传播及学生各类情况的反馈、上传功能。同时，高职需要将网格平台与高职的后勤、基建、保卫部门进行联合，共享网络信息，实现校园内部的协同管理。学生能够及时在平台上关注问题解决的进度及处理结果，平台由学校相关部门、学工管理人员、网格员、学生共同监督，确保信息透明化。针对部分特殊人群，所涉及院系应该建立档案，加强后续追踪，真正实现学生管理与服务"一站式"服务，实现学生管理工作全面信息化。

（三）网格化学生管理的重点与难点

网格化管理应建立动态的信息数据库，确保学生信息及时更新。学生信息数据更新不及时会导致学校管理阶层在制定和执行政策制度时出现偏差。因此，保障学生信息数据的正确性和全面性，是充分发挥网格化管理功能的关键所在。

随着高职规模的扩大，招录学生来自不同的省、区、市，这必然会给网格化管理带来困难。不同地域的学生对于文化的认知和个人习惯差异较大，进校前的教育基础、心理承受能力和交往交际能力差异明显。在现实的网格管理中，需要高职学生管理人员根据管理工作中存在的重难点实施有效分级、优化设计，重点关注学生档案，使管理高效化和精准化。

在大数据时代背景下，高职网格化管理的优势会更加明显。高职建立网格化管理平台，不仅需要依托高职信息化建设的基础条件，将管理人员、学生融入网格中来，集成有限的人力、物力和财力，打通学校内各部门的信息壁垒，联合学校各部门进行学生管理；还需要结合高职特色，在实践中逐步摸索出一套适合学校自身的网格化管理模式，实现学生网络管理平台的信息化、规范化、精细化和系统化。高职应结合信息化手段，转变工作思路，优化工作流程，使管理方式能够适应当前的大数据时代，同时也能够促进高职学生网格化管理模式的创新和变革。

第六节　组织行为学视角下高职学生管理模式

组织行为学主要用来研究一定组织中人的心理活动、行为活动的规律，为主管人员的管理工作提供依据，不断提升预测和引导能力。本节首先分析了组织行为学应用在学生管理中的特点，其次阐述了高职学生管理模式，以供参考。

高职学生管理工作，是以人才培养目标为核心，依据国家教育政策方针，针对学生、财产、事物、时间、信息等各种要素，进行组织、指挥、协调、预测、实施、反馈、监督等工作。结合我国高职的实际情况，学生管理涵盖的内容较多，包括心理、行为、能力、兴趣、学习等方面。实践证实，做好学生管理工作是促进学生全面发展的必要条件。

一、组织行为学应用在学生管理中的特点

（一）组织结构系统化

在学生管理的组织结构上，可以利用组织行为学理论，全面分析环境、管理等要素，除了学校环境以外，还包括家庭环境、社会环境、虚拟环境等，使组织结构更加系统化。在具体操作上，可以在校园内设置心理咨询中心、就业指导中心，指引学生的学习和生活，帮助学生及时解决学习问题、生活问题，避免影响其发展。

（二）资源配置合理化

学生管理工作的开展，要对社会、学校、学生三个资源要素进行合理配置，其中学校是关键要素。利用组织行为学理论和方法，要求学校在社会环境中吸取成功经验和营养，引进更多资源，满足学生管理和发展需求。以校企合作方案为例，校企合作注重产学研一体化发展，既为学生的实习、就业提供了场所，也能推动高职和企业科研工作的开展，是一种有效的新型办学模式。

（三）管理工作人本化

组织行为学理论指出，学生管理要以学生为核心，要尊重学生的主体地位，将管理工作从管制、教导转变为教育、引导，充分调动学生的积极性和创造性。激励理论是组织行为学中的重要内容之一，一般从人的感觉需要入手，激发欲望、追求目标，通过目标的实现，促使欲望得到满足。例如，高职设立的奖学金、科研立项等，均是激励理论的典型代表。

二、基于组织行为学视角的高职学生管理模式

（一）个体化管理

在组织行为学中，人是最重要的资源，人的积极性和创造性直接影响着行为效率和组织活动的开展效果。因此，人的心理和行为是目前组织行为学的重点研究内容之一。大学生的个性特征主要包括心理、态度、价值观、知觉、行为、人际关系等内容。不同学生的行为方式不同，管理时要尊重学生的差异性，采用因材施教的理念，既能对学生的思想、

行为产生积极影响，又能提高管理效率。此外，影响学生价值观的因素较多，如家庭、社会、学校、文化等，且具有持久性和稳定性，要想做出改变，需要经过一段较长的时间。对学生进行个体化管理时，管理者要引导学生树立正确的价值观，以促进其健康发展，避免误入歧途。

（二）群体性管理

对学生群体进行管理，主要是利用社会心理学的理论和研究成果，分析群体活动的一般规律。在组织行为学领域，群体研究的内容主要包括结构功能、发展过程、凝聚力、沟通交流和人际关系。群体研究的目标是增强学生群体的凝聚力，能正确处理学生之间、师生之间的关系，不断提高沟通能力，为群体目标和组织目标服务。结合实际案例，高职内的学生会、各类社团，不仅是锻炼学生的场所，也是开展群体性研究的重要地点；而班级活动、学院活动，则为不同专业的学生提供了交流机会。群体性管理工作旨在培养学生的人际交往能力，为他们走向社会打下良好基础。

（三）行为管理

针对高职学生的行为进行管理，出发点是组织行为学研究中的四个假设，具体如下：

第一，行为的可预测性。人的行为变化具有一定的规律，大学生刚刚进入高职时，由于可塑性强，管理相对容易。因此，学生管理应该从基础入手，引导学生树立正确的三观，保持端正的学习态度，养成健康的生活习惯。

第二，行为的因果性。人的各种反应均是出于行为的因果性。在学生管理上，学生出现问题并不是偶然，而是一系列因素的叠加和影响。管理者只有深入探究问题的形成原因，才能从根本上解决问题。

第三，行为的多样性。高职学生的行为具有多样性，即使处于同一环境、面对同一件事，不同学生也会有不同的行为表现。在学生管理中，要从多个方面分析行为影响因素，从复杂的因果关系中分析学生的行为变化。

第四，行为的可概括性。高职学生虽然是一个个差异化明显的个体，但对其行为可以做出一般性的概括，也就是共性。例如，面对考试时，学生均会产生紧张感，会安排一定的时间用于复习功课。在学生管理中，管理者应该掌握学生行为的共性，尤其是在处理共同利益时，要考虑到学生的共同反应，分析学生群体的接受程度。

（四）奖励措施

组织行为学理论要求合理设计外部奖励措施，利用行为规范、惩罚方法、信息沟通，来激发、引导成员的行为，最终实现成员和系统的活动目标。具体到高职学生管理中，其一，应该结合学校的办学目标和特点，加强学校和学生之间的沟通，学习要了解学生的想法，尽量满足学生在学习和生活中的需求；其二，在奖励措施上，学校应该制定多元化的奖励方案，营造出竞争、合作的氛围，最大限度地激发学生的潜能，如开展文娱活动、设置学生代表、颁发荣誉证书或奖章等；其三，进一步完善奖励制度，遵循公正、公平的原则，针对每一个竞争者进行客观的评价，避免挫伤学生的积极性。

学生管理是高职管理的重要内容之一，关系着人才培养目标和学校的可持续发展。分析可知，将组织行为学应用在学生管理中，能够凸显出组织结构系统化、资源配置合理化、管理工作人本化的特点。本节从个体化管理、群体性管理、行为管理、奖励措施四个方面，阐述了基于组织行为学视角的高职学生管理模式，以期提高管理效率。

第七节　新公共管理理论的高职学生管理模式

当前形势下，高职的学生管理工作应借鉴新公共管理理论，结合高职公共管理的特征，指出高职学生管理中存在的问题，从公共管理理论的角度，探讨对高职学生管理的影响；提出以生为本的服务理念，树立全方位教育的工作理念，走专业化的发展道路，推动高职学生管理工作不断发展。

自高等教育进入大众化阶段以来，一方面让更多的学生有机会接受高等教育；另一方面使得青年学生的基础知识、心理特点差异增大，高职学生的思想状况变得越来越复杂。同时，高职办学主体多元化、就业形式多样化、后勤社会化管理等不断变化，给高职学生工作带来了新的挑战。随着市场经济的发展、行政管理改革的深化和政府职能的转变，特别是高职去行政化要求的提出，高职学生工作的管理模式和理论体系都有待进一步完善。

一、新公共管理模式的主要思想和启示

（一）新公共管理模式的主要思想

新公共管理学以现代经济学和私营企业管理理论和方法作为自己的理论基础，将私营部门中成功的管理方法和竞争机制广泛地运用到公共部门。它是西方在特定的政治和经济条件下的产物，在一定程度上反映了公共行政管理发展的规律和趋势。根据西方学者格里尔和盖布勒等的论述，新公共管理运动主要思想有：政府的管理职能应是掌舵而不是划桨；政府服务要以市场需求和民众为导向；政府应采用民众合法授权方式进行管理；政府应采用企业管理的成功经验；政府在公共管理中体现竞争和优胜劣汰机制；政府应重视公共管理办事效率和服务质量等。

（二）新公共管理带给学生管理工作的启示

公共事务管理要适应时代要求，要求管理者以先进的管理理念和技术方法实施管理，更要求管理者必须与时俱进，学习研究和应用新的管理理念和方法。

新公共管理要做到"以人为本"，强调自然人的核心地位，尊重和满足大众的诉求，并努力为大众提供优质的服务。高等教育的目的就是要力求发挥每个人的潜质，为实现这一目的，高职学生管理工作应承认学生的主体地位，以生为本，提供良好的服务。高职学生管理工作者要适应新形势的要求，运用新的管理和服务理念，为学生提供良好的服务，以促进学生发展。

学生管理有层级模式。这种管理模式带有明显的官僚色彩，在管理实践中体现为从上而下的传达指令，自下而上的盲目服从。这种模式无法调动成员参与管理，打消了参与者的积极性。在学生管理实践中，学生更多的是被动和服从，学校通过职能部门、二级学院、学生会等组织对学生进行严格管理，这种传统管理的目的就是让学生不出事，结果导致管理成本较高，管理效果很不理想。

院校二级关系没有完全理顺。受传统管理模式的影响，学生管理重心还没有真正放开，学校的规章政策的制定、人才引进、资金使用、专业建设、招生就业、人员流动等方面的决策权集中在相关职能部门，二级学院的自主权很小，难以放开手脚开展工作。相比之下，相关部门的职能显得过于庞大，管理越位的现象比较突出。

学生专职辅导员队伍流动大。首先，由于学生规模扩大，专职学生辅导员忙于应付日常管理事务性工作，长此以往，将影响他们工作的积极性；其次，专职辅导员人员专业配置不科学，对于辅导员队伍职业化的发展不利；最后，缺乏竞争奖励机制，这在一定程度上影响了工作的积极性，辅导员队伍人员流动大，不太稳定。

高职学生工作考核和评价手段不合理。高职学生管理人员日常工作琐事多，工作业绩难以通过量化体现；缺乏合理的职业规划设计，职业忠实度不高；缺乏工作监督和交流学习机会。学生思想政治教育工作难以评估，是当前高职政治教育工作存在的普遍现象。

转变服务理念。结合当前形势，树立以人为本的理念。在传统管理模式中，教育是由学校统一管理规划的，不利于学生个性的发展和社会需求的多样化。这给学生的教育和个性发展带来了消极影响。所以，要求高职学生管理工作者要具备服务意识、接受服务意识。

二、借鉴新公共管理理念创新学生工作

学生管理要以市场需求和学生诉求为导向，建立新型的学生管理模式。根据公共管理的理念，效率要建立在"以人为本"的管理理念上。在学生教育管理工作中，应把传统统一规划管理转变为以服务优先理念为主，构建学生自我管理为主要特点的管理体系。如成立学生自我教育管理中心，建立符合学生公寓特点的后勤物业管理体系，提高各类学生社团组织的作用，以此来调动学生参与管理和服务的主动性、积极性，体现以学生为本的理念；逐渐改革传统的分级管理结构体系，加强各职能部门的服务水平，淡化统一管理的行政层级结构。

（一）做好学生就业和心理健康指导工作

高职应努力提高就业率和就业质量，加强与用人单位的联系，积极开展校企合作，创立实习就业基地，大力开展职业规划教育，帮助学生克服心理障碍，确立职业目标，树立远大理想，成就精彩人生。

（二）调整高职学生管理重心

高职的有关行政部门应改变管得过多、过细的现状，把主要职能定位在宏观管理层面，如制定政策、把握方向、开展建设性的指导工作等。二级学院的主要职能应定位在具体管理层面，如具体执行学校的政策、落实具体工作措施、完成学生管理任务等。高职应重新构建学校与学院之间的权力关系，改变目前管理部门权力过大、过于集中的现状。

（三）引入竞争机制

在学生教育管理中尝试引入竞争因素，有利于提高高职的管理效率和服务水平。高职的一些管理工作可以委托第三方代理。比如，会议组织让宾馆饭店参与招标，外出学习活动让拓展公司参与招标，宿舍管理引入物业公司等。通过以上途径，高职将市场机制引入学生管理中来，对推动高职学生管理效率的提高、服务态度的转变、管理方式的创新将起到积极的作用。

（四）引入企业管理方法

我国高等教育管理职位一直以来属于事业单位编制，高职管理部门竞争压力不大。而私营部门直接面向市场一线的激烈竞争，优秀的管理人才、先进的管理技术、有效的管理经验总是首先来自私营部门。虽然高职学生部门与私营部门的管理在各自的目的、对象、环境等方面存在差异，但是私营部门重视管理的科学性、重视市场需求与顾客反馈、重视投入与产出、重视成本核算等，对于高职管理来说具有积极的借鉴意义。

（五）建立专职辅导员队伍管理激励机制

高职要有科学合理的激励机制，辅之以物质奖励，如专职辅导员职务晋升机制、外出学习培训机制、绩效考核奖励机制等。这样有利于提高专职学生管理队伍的稳定性和积极性。

建立科学的绩效评价体系。高职学生管理工作比较注重过程管理，而不注重结果管理，缺乏科学系统的绩效评价体系。新公共管理运动提出的"政府应放松严格的行政规则，实施明确的绩效目标控制""政府应重视管理活动的产出和结果，应关心公共部门直接提供服务的效率和质量"等主张，对改进高职学生工作的绩效管理有很大的启发作用。关键是要改变重过程而不重结果的现状，在高职学生管理部门中引入目标管理的方法，加强对组织和个人实施绩效目标控制。

高职学生工作提倡以生为本，以服务学生为导向，应努力健全管理体系，建立健全高职职能部门的管理和反馈机制。职能管理部门应向社会和公众做出承诺，自觉接受全体学生和社会的监督。这种公共管理的服务理念会随着政策的执行而逐渐深入人心，使高职管理者逐渐完善高职学生管理体系，不断提高学生教育管理水平。

第八节　心理干预下高职学生管理模式

通过梳理文献不难发现，当前更多地关注于对学生的常规管理，即行为管理和思想政治教育；而针对部分大学生心理干预的讨论却并不突出。对于高职学生管理来说，它更需要从团体心理辅导上来下功夫，从而引导高职学生正确认识自我和完善自身的人际交往能力。为此，应在建立互学联动机制、优化学生团队活动、完善个别辅导工作等三个方面构建学生管理模式。

人们普遍认为大学生心理干预属于心理咨询部门的工作。但是笔者并不这么认为。

心理咨询往往针对个别高职学生的需要来展开，却难以在学生群体里建构起健康的心理导向。在社会心理学的应用上，辅导员和学工部干部仍要参与其中。

本节不打算从技术层面来探究心理干预的过程，而是在学生管理模式的大背景下，勾勒出心理干预对学生管理的促进作用。

一、对高职管理中学生心理问题的认识

目前，关于高职大学生心理疾患的讨论数量很多，但很少有人从时间维度上来思考这些心理疾患产生的原因。不难知晓，在基础教育阶段，应试教育导致很多高职学生从一开始就成为学习的机器，而在主观和客观上忽略了对人际交往能力的重视。另外，在应试教育环境下处处充斥着竞争意识，这一意识必然会潜在地影响大学生的思维方式和行为方式。

上述时间维度下的阐述表明，高职管理中的学生心理问题主要表现在以下两个方面：

（一）人际交往困境

人际交往困境主要存在于同性交往中，而且这种困境主要出现在大学生的寝室生活中。具体表现为：人际关系上的冷漠，以及建立"小团体"组织来排斥同寝室的同学。由马斯洛的需求层次理论可知，高职学生个体是渴望进行情感交流的，但或许他们（她们）还没有学会用心去倾听他人的心声。

（二）惯性思维困境

前面已经指出，竞争意识潜在于高职学生的脑海中，而这种意识又将影响他们的行为方式。比如，因上课抽问遭遇尴尬，而对该门课程产生腻烦情绪，最终导致了逃课现象的

发生；又如，因一次考试未能达到预期的目标，从而在同学面前显得萎靡不振。这说明，强烈的竞争意识已使他们的自尊心变得格外敏感，从而使得他们通过逃避的形式来保护自己，甚至封闭自己。

二、认识引导下的心理干预形式解构

以上对大学生心理问题的认识给了我们一个启示，即我们在学生常规管理中应敏锐地发现这些问题，并通过疏导来促使这些学生融入集体生活和学习之中，而不是成为大学里的边缘人。

具体而言，心理干预的形式可以解构为以下两个方面：

（一）创造情感交流的条件

马斯洛需求层次理论认为，当人的生理和安全依次得到了满足，他必然会有更高一层的需要——感情的需要。这里的感情可以解读为，高职学生情感倾诉的需要，而这一需要正是高职学生群体所普遍缺乏的。因此，辅导员和学工干部应为他们创造这种条件。现阶段各高职所开展的思想政治教育工作，应围绕举办团队互动活动来进行工作创新。

（二）建立个别辅导机制

在高职中有个别大学生患有不同程度的精神疾病。这些精神疾病可分为抑郁症、狂躁症等。不难发现，患病学生的存在将对他们身边的同学造成不同程度的心理压力。特别是对于狂躁症来说，可能会出现伤害事件。对此，高职需要建立起个别辅导机制，配合以劝退机制。

从这两个方面的心理干预的技术含量来看，建立个别辅导需要专业心理医师的帮助。

三、解构基础上的学生管理模式构建

根据上文所述，在解构的基础上，学生管理模式的构建可从以下三个方面展开：

（一）建立互学联动机制

这里应突出"互学"，即辅导员和学工干部应向学校心理咨询师学习心理学的基本诊断方法，同时学校心理咨询师需要向辅导员和学工干部学习如何与学生进行沟通。在此基础上的联动机制，要求三者在工作上应相互协助和相互补充，并将工作贯穿创造情感交流条件和建立个别辅导之中。这里需要指出的是，辅导员更应发挥自身密切联系学生的优势，在团队辅导和个别谈心上发挥重要作用。

（二）优化学生团队活动

高职学生获得情感的需要，关键在于建立起相互倾诉的条件，以及为相互倾诉创造良好的氛围。笔者曾在一次班级活动中进行了尝试，即让班级中的每位学生在小纸条上写一句最想对同班级某位同学说的话，且字条上不用署名，但可以写出对方同学的姓名。最后，笔者将字条内容一一向全班进行宣读，其中有温馨的话语，也有尴尬的责问，当然也有男生向女生表达的爱慕之情。笔者发现，这次活动明显提升了班级学生的凝聚力。

（三）完善个别辅导工作

抛开专业心理辅导不论，这里主要从辅导员的谈心活动出发来完善个别辅导工作。要明确，个别学生心理问题的出现必然需要一个长期逐渐积累的过程，因此他们的心结也不可能瞬间在辅导员面前打开。在初次进行辅导时，他们往往会通过掩饰、回避、沉默的方式来应对。此时，辅导员就需要通过旁敲侧击、向其他同学了解情况，以及用长期在学习和生活上的帮助来感化他们，最终赢得他们的信任。辅导员在高职学生心理干预中扮演着重要的作用。

四、问题的拓展

本节最后，针对处于毕业季大学生的管理进行问题的拓展，主要从求职心理干预上进行阐述。

（一）建立辅导员与学生的互动

辅导员一般忙于处理学生的各项事务，因此无法开展专门的心理健康教育工作。但辅导员与学生之间的特殊关系，以及岗位职责的内在要求，可以促使辅导员深入学生寝室进行非正式的谈心活动。事实证明，学生在毕业前因相关事宜与辅导员的联系也十分频繁，辅导员可以借助这一机会主动询问学生的求职情况，以及通过自身的亲身经历给予学生激励和安慰。这里需要强调的是，辅导员应特别注意女生求职时的心理变化。近年来，在高职学生因寻找工作受困而发生的极端事件中，女生占有相当大的比例。

（二）建立专职人员与辅导员之间的联系

为了更好地实现师生之间的互动，辅导员还需要扮演中介的角色，该角色要与专职心理健康教育人员形成联动机制。许多高职依据经验，往往在应届学生毕业的前一年，就有组织地开展就业动员活动。高职会请校友前来传授心得，也会请人力资源专家进行求职技巧的讲解，但很少涉及求职心理的自我疏导能力培训。为此，专职人员与辅导员之间可形成联动机制，通过广泛性和针对性相结合的方式，帮助高职学生建立起自我干预的基本能力。

第三章　互联网时代下高职学生管理的理论研究

第一节　互联网时代下高职学生管理面临的困境

互联网的应用与普及对高职学生管理来说既是机遇也是挑战。一方面，互联网为高职学生管理工作带来了新的理念与方式，使传统的管理工作实现了创新；另一方面，也给高职学生的思想带来了冲击，使学生管理工作陷入困境。对此，本节阐述了互联网时代高职学生管理具有的开放共享性、融合延伸性等特点，详细分析了高职学生管理面临的困境，在此基础上提出了几点对策，期望为高职学生管理工作带来些许帮助。

高职肩负着为国家和社会培养高素质人才的重要使命，而学生管理工作是高职工作中的重要内容之一。随着互联网时代的到来，数字化与高新技术的优势在高职学生管理工作中发挥了不容忽视的作用。因此，探讨互联网时代高职学生管理工作面临的困境处理及对策具有重要的现实意义。

一、高职学生管理工作的重要性分析

高职承担着为国家和社会培养综合型人才的艰巨任务，绝大多数成功的科研课题与技术项目也都是在高职中完成的，高等院校在互联网时代的影响下更成了多种价值理念形成的主要阵地，做好高职学生管理工作对我国社会主义事业的建设与发展具有极其重要的现实意义。与此同时，互联网时代加强高职学生管理工作不仅是高等教育教学体系不断发展提出的迫切需求，更是为经济与社会发展提供人力资源与智力支撑的需要。我们应承认高职学生管理工作对振兴民族的重要作用，明确学生管理工作对高职形成良好教风和学风的塑造作用，使教育事业向着健康和可持续的方向发展。

二、互联网时代下高职学生管理的新特点

（一）开放共享性

互联网时代的到来，促进了高职学生管理工作的全面改革。目前，互联网技术已得到普及，增强了信息的流动性，学生管理工作也从管理与被管理逐渐演变成服务与被服务。学生获得信息的方式与途径越来越多样化，这在一定程度上为学生管理工作创造了更加开阔的空间。

（二）融合延伸性

互联网打破了传统的高职学生管理模式，融合了多种信息技术，延伸了学生管理工作的范围。因此，工作人员可以运用先进的网络技术来开展管理工作，不再受时间与地点的限制，而学生也可以在第一时间了解相关信息，为管理工作创造了更多便利条件。

（三）多元快捷性

手机、平板、电脑已经成为学生学习与生活中的重要工具，这些网络电子化产品的发展提高了高职学生管理工作的效率。当前，信息渠道呈现出多样化的特点，如果在高职中出现突发性事件，那么信息的传播速度会非常快，这也为高职学生管理工作带来了一定的困扰。

（四）双权威化性

在互联网时代，人们拥有了更加便利且畅通的信息发布渠道，这为学生的管理工作创造了开阔的信息互动交流平台。信息的传播逐渐由官方发布向大众媒介参与的方向发展，学生可以自由发布信息，这在一定程度上增加了学生管理工作的难度。而且，社会各界的参与也加大了我国高职在应对突发事件时的处理压力。

三、互联网时代高职学生管理的困境

互联网时代的到来给高职学生的思想带来了冲击。在互联网时代，高职学生获取信息的方式越来越多，此时他们正处于形成正确的人生观、价值观和世界观的关键时期，他们对社会中的真、善、美还不具备正确的辨别能力，这给高职学生管理的思想工作带来了极大的阻碍。虽然互联网具有前瞻性与开放性的特征，但也具有一定的隐蔽性，而那些极具隐蔽、错误的观念会潜移默化地给高职学生的思想带来冲击，如拜金主义、享乐主义等观念非常不利于学生的身心健康，甚至有时会促使学生做出违反法律法规的事情。另外，国外的不法分子通过互联网向高职学生灌输西方价值观，利用互联网的隐蔽性欺骗高职大学生的现象也非常多见，更增加了学生管理工作的难度。

要想切实提升高职学生管理工作的实效性，还需要创新学生管理的方式和理念。

（1）作为高职中的管理者，应明白学生管理工作是服务于学生的，所以，在具体的管理工作中要始终树立服务的意识。

（2）学生管理工作注重的是教学科研，而不是教学过程，这也给教学的进度和质量带来了较大的不利影响。

（3）在具体的管理工作中，管理者应综合考虑学生内心的真实想法及各部门的反馈情况，并结合实际情况制定具有针对性、服务性的学生管理策略。

受传统管理模式的影响，我国高职学生管理工作更多地运用了一种"自上而下"的模式，管理者在管理工作中占据着主导地位，并且通常以班会、学生会或者思想政治教育的方式对学生进行引导，这些方式单调死板。而在互联网时代，不论是管理方式还是环境都发生了翻天覆地的变化，高职学生的思想观念越来越开放，接触到的信息和知识也越来越多。高职学生喜欢追求新鲜感，如果仍坚持通过传统班会等形式来开展学生的思想工作，势必会引起学生的反感，进而导致管理效果大打折扣，从而给管理者带来很大的压力。

目前，我国大多数高职的学生管理工作中依然沿用传统的管理模式，主要由学校的管理者制定相关的规范与制度对学生的言行举止进行约束和管理。虽然这种做法便于学生管理者开展工作，也在一定程度上发挥了规范与督促的作用与目的，但是这种传统的管理模式过于死板与落后，而基层管理者有时对上级唯命是从，在具体的管理工作中循规蹈矩，导致高职学生管理工作墨守成规。甚至有时管理人员知道决策不符合规范，但是在没有接到上级命令的情况下仍旧会执行错误的决定。

四、互联网时代下高职学生管理的对策

（一）利用互联网对学生进行正面引导

高职学生作为一个特殊的群体，有着鲜明的个性特征，对互联网有着很强的依赖性。因此，高职学生管理人员必须积极利用互联网优势，从正面引导学生。一方面，可以借助先进与快捷的互联网信息技术开展工作，合理利用互联网的优势提高宣传质量，拓宽教育、管理等工作渠道；另一方面，可以将管理工作渗透到学生的学习和生活中，及时预防各种错误的观念侵蚀学生的思想，积极主动地为学生创设一个良好的互联网环境，向学生传播正能量，促使学生从互联网中获得正面、健康的信息，彰显互联网的作用与优势。

（二）加强高职学生管理者的队伍建设，创新管理思路与方法

在互联网时代下的高职学生管理工作中，辅导员扮演着极其重要的角色。而要想高职学生管理工作取得成效，辅导员就要学会利用互联网的优势，了解学生内心的想法，通过互联网中的多媒体技术对学生进行动态的监控，从而提高自身的管理水平。辅导员只有自身的管理水平得到了提升，才能正确引导学生。在互联网时代，辅导员也要不断学习、更

新自身的知识，在提升自身管理水平的同时正确引导学生，可通过腾讯 QQ 群、微信群等方式与学生进行交流，架起与学生沟通的桥梁。

（三）不断创新高职学生管理工作模式

高职学生管理人员还应当积极创新管理模式，只有这样才能满足当代学生对管理工作的基本要求。时代在不断变化，被管理者的思想也在变化，因此管理人员应当与时俱进，不断创新和完善学生管理工作。

第一，创建管理平台。高职应积极创建管理平台，通过创新平台的建设提高学生管理工作的效率，积极利用互联网的优势向学生传播优质的资源和正面思想，提升网络平台的利用率。

第二，发挥媒介优势。高职学生管理工作要借助各种网络媒介，实行智能化的管理模式，促进学生身体和心理的健康和全面发展，加强与学生之间的互动频次，拉近彼此之间的关系，通过平台找出更有利于学生健康成长的信息内容，借助互联网的优势提高学生的管理工作水平。

（四）全面优化高职学生管理工作

在互联网技术高速发展的今天，高职传统的管理模式显然已经不能适应时代发展的根本需求，这将会严重阻碍学生管理工作的顺利展开。因此，高职应全面优化学生管理工作。具体来说，应做到以下两点：

第一，协调学生管理工作者的权利与责任，针对学生管理工作制定一系列的监督与激励机制，确保管理者认真负责，提高学生管理工作的质量与效率。

第二，确保学生管理的独立性，增加学生的自主权，保证学生管理人员不会过度参与学生的科研活动。

对于高职学生来说，互联网已经成为其生活与学习的重要组成部分，更是帮助其进行人际沟通以及获取信息资源的重要载体。在此背景下，学生管理工作的方式也应及时转变。对此，管理者应充分利用互联网的优势从正面引导学生，不断加强高职学生管理者的队伍建设，并创新高职学生管理工作模式、全面优化管理工作，为高职学生搭建一个健康、向上与积极的网络平台，使互联网成为高职学生管理工作的新阵地。

第二节　互联网视域下的高职学生教育管理

随着互联网时代的到来，互联网技术在很多领域的应用在不断深入，为人们的学习、生活、工作和交际都提供了很多的便利，"互联网＋"模式也促进了很多领域的变革与创新。高职学生教育管理工作具有自身的特殊性和多样性，管理对象的构成相对复杂，互联网技术的应用有助于实现多方信息互动，能够有效促进学校教育管理传统工作模式的优化。对此，本节将在分析互联网对高职学生教育管理工作主要影响的基础上，结合当前高职学生教育管理工作中存在的问题，提出互联网视域下高职学生教育管理工作的改革发展路径。

由于高职扩招等政策的影响，高职传统的学生教育管理模式出现了很多弊端，如学生教育管理理念相对滞后，学生单纯地被看作管理的对象，教师和管理人员的教育管理工作相对机械，师生之间的互动交流不够充分等，都导致学生长期处于被动管理的位置，不仅不利于激发学生的主体意识和创造精神，还容易引起学生的抵触情绪。不仅如此，传统的学生教育管理工作是以提高学生的学习成绩为中心的，而对于学生个性化素质的培养则是相对忽视的，很难把握每个教育对象的个性特征，已经不再符合新时代高等教育人才培养的现实需求。基于互联网视域下的学生管理工作，能够促进传统学生教育管理工作的有效创新和发展，能够有效对接学生多元化的发展需求。

一、互联网对高职学生教育管理工作的影响分析

作为信息时代的产物，互联网技术对教育管理工作的改革与创新产生了有效的推动作用。互联网技术在高职学生教育管理工作中的介入，不仅促进了互联网与教育管理工作的结合，也为教育管理工作提供了有效的技术支撑，同时也暴露出了一些新的问题，但整体上是利大于弊的。

（一）互联网对高职学生教育管理工作的积极影响

首先，互联网技术在学生教育管理工作中的应用，促进了高职学生教育管理工作的创新和发展，在很大程度上提高了学校教育管理工作的效率和质量。尤其是随着"互联网＋教育"融合趋势的增强，高职以"大班模式"为基础的传统管理模式已经满足不了时代进步的需要，教师与管理者可以通过互联网技术，与学生开展更广泛的互动交流，并且为学生参与教育管理工作提供更多的载体和途径，为学生的自主教育与管理营造更大的空间，有助于高职学生教育管理工作的高质、高效。其次，借助互联网的技术优势，高职学生教育管理资源可以实现更加高效的优化配置，高职学生教育管理人员可以从繁重的手工工作中解脱出来，通过办公自动化系统对学生教育管理工作涉及的信息内容进行高效的收集、整理、检索和应用，所以可以将更多的教育管理精力和资源投入对学生的个性化指导上，有助于增强学生教育管理工作的高效性和针对性。最后，互联网技术的应用促进了高职学生教育管理工作的公平、公正、公开，高职可以通过信息化交流平台的构建，让学生教育管理工作的计划和内容更加透明，让学生在公平和公正的环境下开展学习、交流和实践，密切了师生之间、生生之间的平等互动和共同发展。

（二）互联网对高职学生教育管理工作的消极影响

互联网技术在高职学生教育管理工作领域的应用具有多方面的技术优势，但同时也给

学生教育管理工作带来了新的挑战，其产生的一些消极影响是不容忽视的。首先，互联网技术在学生教育管理领域的应用带来了信息安全方面的问题，有些学校因为信息安全保障措施不到位，学生教育管理信息化系统时常遭受黑客攻击或病毒入侵，使信息资料遭到破坏从而造成损失，影响了学生教育管理工作的顺利开展。其次，互联网技术在高职学生教育管理工作中应用，需要在前期投入大量的资金，积极建设基于互联网技术的学生教育管理工作平台，并配备专业的信息化管理人才，否则将难以实现预期的应用目标。最后，互联网技术的发展和应用不仅改变了高职学生教育管理工作模式，也在很大程度上促进了学生生活和学习方式的改变，但是也有很多学生沉溺于互联网构筑的虚拟世界中，从事了很多与学习无关的活动，如网络游戏、网络交友、网络追剧等，这些活动在很大程度上侵占了学生的学习空间、交际空间。有的学生甚至接触了很多不利于自己成长的落后思想和西方思潮，影响了学习成长与思想进步。

二、互联网视域下高职学生教育管理中存在的主要问题

（一）学生思想政治教育工作变得更加复杂和困难

在高职学生的教育管理工作中，思想政治教育无疑是最重要的内容之一。随着互联网技术在教师教学、学生学习以及教育管理工作中应用的不断延伸，高职学生对网络平台的接触越来越多，通过网络接触到的思想价值观念和意识形态元素也日趋多元化，这就导致高职学生的思想意识变得更加复杂，给高职学生思想政治素质的监控带来了困难。高职传统、单向、统一的思想政治教育模式已经无法满足互联网视域下高职学生思政教育的现实需要，正因如此，当前很多高职教育管理人员表示高职学生的思想道德状况更加复杂，高职学生管理难度越来越大，思想干预和意识形态转变的困难越来越多，这表明互联网视域下高职学生思想政治教育工作更加复杂和困难了。

（二）学生教育管理思想相对滞后

在互联网环境下，有些高职的学生教育管理工作虽然有了信息化的特征，但是教育管理思想并未发生根本性的转变。有些教师和管理者仍旧习惯于把学生单纯看成是管理的对象，对学生实施统一化、单向化、强制化的管理，未能将学生有效纳入教育管理的主体范围，所以学生在学校的教育管理工作中仍旧是被动的，个人的主体意识和个性化诉求常常得不到尊重和满足。在此背景下，即便高职积极参与学生教育管理的网络平台和移动互联网平台建设，也开发了一些基于互联网的综合服务项目，实现了学生管理工作的智能化，但是仍旧很难实现与高职学生成长和发展需求的有效对接，以生为本、柔性化管理等先进思想并未在互联网环境下得到充分的运用和有效的体现，这显然不利于学生教育管理工作质量的提升。

（三）个性化服务方式受到更大挑战

在互联网时代背景下，学生获取知识的渠道更多，获取知识的方式更个性化，个体之间的素质差异更加明显，学生的个性化服务需求自然也就越来越多。尤其是在针对高职学生的学习服务与管理上，在"互联网＋"时代，数字图书馆、网络课堂、网络精品资源等成为广大学生学习的重要途径，很多学生会根据个人的学习与成长需求来检索资源。针对这种情况，高职传统的教育管理模式将面临严峻的挑战，因为高职以往提供的教学课程、学习资源都是统一和相对固定的，不太重视学生的个性化学习需求，也很少开展学习资源的主动推送和精准推荐等服务，服务方式相对单一。所以，如何在网络环境下针对学生的个性化服务需求采取科学的服务方式和教育管理手段就显得格外重要，需要教师和管理者在服务思想、管理方式和教育手段上进行积极探索和有效转变。

（四）与传统学生教育管理工作的融合有待加强

互联网视域下的高职学生教育管理工作，教育管理的主体已经不仅仅局限于教师，教育管理工作的内容也不仅仅以学生的学习成绩为中心，学生教育管理工作的内容、形式、手段、模式都已经发生了很大的变化。很多教育管理工作已经不再受时空条件的限制和约束，催生了学生教育管理工作的新理念、新模式。但是，学生教育管理工作的新发展并不代表对过去学生教育管理工作经验的全盘否定。当前全新的学生教育管理工作形势，既不能单纯依赖传统的教育管理工作经验，也不能过于迷信新型的学生教育管理新手段、新模式，只有实现两者的有机融合，才能最大限度地提高学生教育管理工作的成效。而对于大多数高职院校而言，互联网视域下的学生教育管理工作与传统教育管理工作的融合是一个全新的课题，还有很长的一段路要走。

三、互联网视域下高职学生教育管理工作的改革发展路径

（一）确立"互联网＋"的学生教育管理思维

互联网视域下的学生教育管理工作一定要从传统思维中解放出来，积极借鉴和利用"互联网＋"时代的资源优势、技术优势，加快高职学生教育管理传统模式的变革和创新。具体来说，当前高职的学生教育管理工作一定要摆脱经验主义思想的束缚，使学生教育管理的工作思想、工作方法、工作模式积极融入"互联网＋"思维，注重互联网思维与传统思维的碰撞和融合。同时，针对当前高职学生构成的复杂性，为了提高学生教育管理工作的高效性和针对性，高职应加强学生教育管理资源的信息化建设，重视对学生学习与成长过程的数据分析，强化个性化服务和过程管理，积极构建基于互联网的学生教育管理平台，开发与之相关的软件系统和应有软件等，促使高职学生教育管理工作从经验主义管理思维向数据管理思维转变，为学生教育管理工作提供强有力的技术支持。

（二）增强大学生的主体地位和网络话语权

高职学生的个性化素质更加突出，个人的主体意识和表达欲望也更加强烈。得益于互联网的发展和信息渠道的拓展，高职学生的知识面逐渐变广，知识量和认知结构也有了很好的改善。但在高职传统的学生教育管理模式下，学生处于被动管理的地位，教育管理的过程是单向性的、灌输性的，对学生的教育管理是以约束为主、引导为辅。而在互联网环境下，高职学生的话语权在不断增多，教师和管理者的权威性也有所削弱，这时如果单纯将学生看成是教育管理的被动"客体"，则将难以实现良好的教育管理效果。因此，互联网视域下的学生教育管理工作一定要增强学生的主体地位，赋予他们在网络环境下的话语权，给他们留下表达自我诉求的空间，鼓励他们进行自主教育、自主管理。但需要注意的是，增强高职学生的主体地位和网络话语权，并不是要放弃教师和管理者在学生教育管理工作中的引领地位，而是要求教师和管理者对自身的教育角色进行更加科学的定位，更好地充当组织者和引导者的角色，要更好地把握学生教育管理工作的大局和方向。

（三）着力强化思想政治素养和媒介素养

互联网视域下的高职学生教育管理工作，不论形式如何变革、内容如何创新，都应当有所侧重，要把学生思想政治素养教育和媒介素养教育作为重点，强化学生在网络环境下的意识形态教育，让高职学生在校期间能够树立正确的思想价值观，坚决维护党的领导，不忘初心、牢记使命，努力做一个对国家、对人民有用的人，保证高职学生的教育管理可以沿着正确的方向前进，形成良好的集体氛围。同时，在明确在校师生政治站位的基础上，要积极通过专业培训、岗位锻炼、日常引导等方式不断提升师生网络媒介素养，加强在校学生通过网络获取、处理、分析、认知、辨别、应用各种网络信息的能力，避免学生在网络环境下接触不良信息乃至对自身产生不良的影响，还要减少学生的网络成瘾等问题。另外，高职教师和教育管理者要增强学生合理利用网络的意识与能力，吸引学生参与 e 活动、e 课堂、e 交流、e 作品的建设发展，着重解决网络教育管理平台结构不合理、功能发挥不充分、更新周期缓慢、缺乏日常管理等问题，增加高职学生教育内容的丰富性、层次性、互动性和时代性，提升学生教育管理工作水平，更好地服务高职教书育人工作的现实需要。

（四）始终坚持一个目标和多元协同

基于互联网视域下的高职学生教育管理工作，必须围绕"培养德智体美劳全面发展的社会主义建设者和接班人"这个目标，深入贯彻和落实"立德树人"的根本任务。在网络境遇中，信息资源的无限性和注意力资源的有限性构成矛盾，学生具有是否关注、是否聆听、是否相信、是否践行的自主选择权，所以高职在教育管理手段选择、活动组织设计、文化产品生产等环节中，要紧密贴合学生学习、生活、工作实际，关注学生所关心的，倾听学生所困扰的，解决学生所困惑的，兼顾学生的学习动力、创造精神、臻善品质、向上思想和社会责任等多元教育目标，让高职的党务工作者、专业教师、辅导员、班干部、网络博主、新媒体工作室人员、网络技术人员等都积极参与高职的学生教育管理工作，承担相应的工作职能，并加强工作协同作用，进而对高职学生教育管理的各项目标进行全面的贯彻和落实。

（五）强化学生教育管理人才队伍建设

在高职学生教育管理工作的改革与发展过程中，互联网技术的应用及教育管理模式的创新最终要依靠人才才能实现，所以学生教育管理人才队伍的综合素质也将直接影响学生教育管理工作的水平。对此，高职要重视学生教育管理人才队伍的科学建设，除了要提高相关人员的教育管理素质外，还要有针对性地提高相关人员的信息化素养，使其能够更好地适应互联网环境下学生教育管理工作的现实需要。一方面，高职要加强对于高素质教育管理人才的引进力度，尤其是兼具信息化素质和教育管理素质的复合型人才，以优化高职学生教育管理人才队伍的结构；另一方面，要重视对现有教育管理人才队伍的培训力度，具体可通过专题讲座、培训等形式，不断提高学生教育管理人员的信息化素养，使其能够熟练操作信息化管理平台和学生教育管理系统，更好地胜任互联网视域下学生教育管理工作岗位的工作要求，并拥有更加广阔的职业发展前景。

（六）完善学生教育管理系统建设

为了提高高职基于互联网条件下学生教育管理工作的质量和水平，高职一定要结合互联网技术的最新发展，对现有的学生教育管理系统进行完善，积极建立先进、高效的学生教育管理系统，这样才能使其更好地服务于高职的学生教育管理工作。对此，高职要确保学生教育管理系统建设的持续性、稳定性，要在既有信息化管理系统的基础上，不断提高信息化管理平台的技术水平，确保管理平台正常运行，保持较高的运行效率。同时，要定时对学生教育管理系统进行硬件维护和软件升级，做好网络系统的安全防护，从而确保管理平台的安全、稳定运行，真正发挥出智慧化、信息化管理方面的优势。

总之，在互联网视域下，虽然高职学生教育管理工作面临着很多新内容、新挑战，但高职教师和管理者一定要抓住"互联网＋"时代的机遇，借助网络技术优势和平台优势，加快学生教育管理工作的创新和完善。对此，高职教师和教育管理人员要全面分析当前学生教育管理工作中存在的主要问题和相关影响因素，然后基于在校学生的特点和发展需求来调整教育管理方案，增加网络教育管理的投入，优化人才培养和教育管理模式，进而实现互联网视域下高职学生教育管理工作质量的不断提升。

第三节 互联网在高职学生教育管理工作中的应用

随着社会科学技术的发展，互联网已成为人们不可或缺的一部分，在丰富人们日常生活的同时，在高职学生教育管理中发挥着重要作用。因此，我们应针对互联网特点、互联网对高职学生教育管理的重要性及互联网在高职学生管理工作中的展望进行深入研究。

随着社会经济的不断发展和科学技术的不断进步，我国高职的规模也在扩大，高职学生不断增加，对教育的水平要求也越来越高，因此，我国高职学生的教育管理面临着巨大挑战。青年一代是充满活力的一代，他们朝气十足、个性鲜明，追求新的时代色彩和理念，高职必须采取创新的教育方法对其进行管理，以满足学生对身体和心理的发展需求，补齐传统教育的短板，优化调整教育管理体制，顺应新时代高职学生教育管理的发展。而互联网在此时就凸显出它的作用。在大数据的背景下，互联网无处不在。如何利用好互联网这个平台对高职学生进行教育管理是挑战，也是机遇，只要把握好尺度，互联网就会成为高职教育管理新的发展平台。凭借互联网的方便、快捷，可以打破时间和空间的界限的特点，对我国高职学生进行教育管理，创新学生教育管理方式，提升高职教育管理效率。

一、互联网的特点

（一）内容多元化

互联网包含丰富的内容，用户可以随时随地获取数据信息，信息包容量大，不仅能满足高职学生日常学习生活的需求，也能够对高职学生教育管理实现信息便捷互通，优化高职学生管理体制，缩短管理时间，降低管理成本。

（二）交流快捷、便利

互联网的传播交流打破了时间和空间的局限，实现跨国家、跨民族的交流，传播速度快、范围广。在大数据时代下，对信息的收集和归纳十分便利，高职通过互联网对学生进行教育管理也可以实现高效、快速，如超星学习通、今日校园等高职应用软件。高职学生可以使用这些软件共享学习资料，交流学习心得。高职也建立了自己的自媒体平台，如官方微信公众号、官方微博等，增进了师生之间的交流，增强了学生的归属感，对学生的教育管理有着积极作用。

（三）开放和自由

互联网是一个虚拟平台，它的环境复杂开放，能够丰富用户的视野和阅历，但也要注意，虚拟世界中存在着不良信息，高职学生应适度使用互联网，不要沉迷于虚拟世界无法自拔。高职应该有效利用互联网的无限空间，让学生与不同国家和地区的人民进行学习交流，丰富学生的课余生活，让学生在学习生活中劳逸结合。

互联网是一个自由的平台，没有中心，没有界限，学生可以尽情地享受网络空间，有自己的私密空间，发泄自己的小情绪，发表自己的想法和观点，也可以与志同道合的朋友分享自己的生活，缓解心中郁结，不用担心现实中的交流阻碍。互联网也为广大师生的线下交流提供了便利，方便了高职教育管理。

二、互联网在高职学生教育管理中的重要性

互联网是高职学生思想观念形成的信息来源。青年一代的高职学生占我国互联网使用者的大多数，他们对新媒体有着强烈的好奇心，可以接受新鲜事物的出现，并且能够快速适应和使用新科技、新媒体。如今，高职中互联网更是无处不在，互联网平台是高职学生获取最新信息和数据的主要渠道。调查显示，现在全国有80%的高职学生把互联网作为收集和获取消息的主要方式，70%左右的高职学生通过微信、微博等社交平台进行沟通交流，高职官方的微信公众号和微博号成为学生互动、分享校园信息的平台。高职要利用互联网这个大平台进行日常管理工作，安排学生选课、排课，录入成绩，派发作业等，便于高职教师对课程、学生进行管理。在学校内部，教师之间的沟通、学校的新媒体管理、安排工作等也可以依托互联网，节约了时间和空间。如果缺少了互联网平台，那么高职的正常工作和学生管理将变得困难，甚至无法开展。

在新时代的背景下，互联网在高职学生的生活中越来越不可或缺，影响着学生生活、学习中的点点滴滴，丰富了学生的校园生活，对学生的网络课程学习提供有利条件，促进学生形成多元化的思想观念，是学生增长知识和学习技能的方式之一。高职要合理地利用互联网平台的优势，在管理时发挥它对学生教育管理的长处，减少它的负面因素（网络诈骗、网络赌博、网络贷款等）对学生的消极影响，引导学生树立正确的世界观、人生观和价值观，避免发表消极言论和反动思想。

高职应通过互联网技术提升高职学生教育管理的质量。互联网作为一种技术，在社会各个领域发挥着作用，也对传统的高职学生教育管理模式产生冲击。传统的教育管理模式已经不能完全适应新时代下的高职学生教育管理，这对传统高职学生教育管理模式来说是一个挑战。高职必须突破固有的思维模式，创新高职教育管理体系，继承发展出适应我国高职学生教育发展的新出路，推动高职教育发展和提高学生素质。

此前，我国对高职运用互联网新科技，加强学生的思想政治教育提出了方针政策，支持互联网在高职学生教育管理中的应用。但高职在应用互联网时要注意权衡利弊，不要被不法分子"钻空子"，来蛊惑学生思想。如今，互联网用飞速发展展现了它的技术优势。可以说，高职如果脱离了互联网大平台，那么对学生管理将变得举步维艰，会耗费大量人力和物力，会浪费时间和精力。所以，高职管理者不能墨守成规，要顺应时代发展，合理运用互联网的优势来打破限制高职学生教育管理的枷锁，对高职学生教育管理进行创新，

用新理念、新思想占领互联网的制高点，加强对学生的教育管理。

高职应让互联网和高职学生教育工作紧密结合，运用信息传播和心理培训等辅助手段，将高职学生教育系统地调整；让高职学生教育管理工作注入新鲜血液，迸发新的生机，开拓更广阔的天地，可以更迅速地适应社会体制和人才培养模式，培养出为祖国和人民做出贡献的优秀青年。

互联网可以让高职学生教育管理工作更加科学化。互联网拥有方便、快捷的优势，使高职教育管理者可以随时了解学生的学习情况、思想变化和日常需求等，从中发现问题并解决问题，优化学生教育管理服务，研究新的工作方式。互联网技术可以让高职教育管理实现科学化和合理化，为高职教育管理提供技术支持和信息收集。例如，高职学生管理人员能够运用互联网平台采集学生基本情况的数据，对学生的基本情况进行了解，方便与学生交流沟通，并对学生出现的思想波动和心理问题实现远程指导和帮助。

高职在互联网时代，可以快速了解国内外的重要事件，贯彻落实国家出台的最新政策和方针，紧跟祖国的步伐，并向高职学生传达最新思想和指示。

互联网与毕业生的就业和考研也是密切相关的，高职学生管理人员可以将最新的招聘信息和相关专业岗位空缺资讯告知毕业生，让其做好相关准备，把握机会，以免耽误就业；可以查询各大高职的考研信息，让学生对要求进行全面了解，做好考研复习和复试，并对落榜学生进行及时的心理疏导。

互联网让高职学生管理的范围更广泛。高职学生可以在互联网上开展活动，如网上比赛、建立网址、贴吧讨论等形式，高职学生管理人员也可以用互联网丰富校园文化，如建立校园网络英语角、心理咨询邮箱和校园主页网站等，构建健康的校园文化，发扬良好的校园风气，提高学生的综合素质。高职学生管理人员之间也可以交流，掌握高职教育的发展动态。各高职院校可以依托互联网进行友好互动，了解对方的管理动态，对工作经验进行分享，实现信息无障碍共享，将学生教育管理工作和社会发展系统结合起来，更好地发挥互联网在学生管理、学生教育中的主要作用。

互联网能够塑造信息的立体性，使信息更加形象、清晰，帮助高职学生管理工作通过不同的方向向社会收集和传播信息。例如，高职在学生教育管理中将信息网络公开透明化，学生的奖学金评选、助学贷款、特困生补助和社会资助名额等评选公开，将学院工作评比、学院表彰评奖等结果公开，将信息透明化，通过网络让大家进行监督，加强工作的公平性和民主性。

高职要合理利用互联网平台，建立健全学生教育管理体制，打造符合高职实际的特色教学理念，用科学技术和丰富学识拉近与学生的距离，加强与学生的沟通，完善、优化学生教育管理服务，切实从学生实际需求出发，为学生服务，是新时代高职学生教育管理的需求。所以，高职要充分发挥大数据时代下网络信息的优势，加强信息技术的运用，把互联网与高职学生教育管理工作相结合，提升人才体系培养的质量，与社会用人单位加强沟通，做好人才输送和人才对接，健全高职高素质人才培养管理体系。

第四节　互联网时代下高职学生管理精准育人

"互联网＋"能够推动高职学生管理工作发展，促使学生管理形态转型。"互联网＋"时代下的学生管理是信息化学生工作发展的必然趋势，其内涵表现为空间上实体与虚拟交互融合、对象上主体与客体互动转化、评价标准上的意义与成效等特征，使高职学生管理的精准育人成为必然趋势。高职学生管理精准育人，要以个性化教育理念实现多维空间的开放互通，优化学生管理生态环境；建设以导师制为核心的学生工作队伍，推动育人队伍的质量提高和内涵式发展；利用新媒体技术，建立网格化的共同体管理思维和分层一体化的学生自主服务组织；搭建递进式实践服务平台，建立学生管理的质保诊断系统和效能评估机制。

《高职思想政治工作质量提升工程实施纲要》中提出要构建"十大"育人体系，其中管理育人的质量提升和网络育人的质量提升，要求把硬性的规范管理与软性教育引导结合起来，这意味着对新时代高职学生管理的水平和能力提出了新的要求。高职学生是国家建设和发展的重要人才资源，高职学生管理工作与高职学生的素质密切相关。为适应"互联网＋"时代，国家、社会发展对人才的需求，高职学生管理必须深化改革，在管理过程中立足于学生的实际需求，以立德树人为育人的根本目的，以满足学生的个性需求为改革重点，在高职学生管理工作中通过精细化教育管理切实满足学生的个性化需求，切实提升高职学生的素质，实现精准育人的教育目标，培养复合型人才，以满足工业生产的需求。

一、"互联网＋"时代下高职学生管理要把握的关系

（一）管理方式：实体与虚拟的关系

2015 年，国务院印发《国务院关于积极推进"互联网＋"行动的指导意见》，互联网作为信息化发展的核心特征，与传统行业进行深度融合，创造新的发展生态，意味着"互联网＋"时代推动高职学生工作发展，促使学生管理形态转型。"互联网＋"时代下的学生管理是信息化学生工作发展的必然趋势。高职作为人才培养的重要基地，学生管理作为教育培养人的重要部分，在利用新科学技术实现管理信息化的同时，也面临传统管理方式的解构和重建。而在"互联网＋"环境下，各种功能微信群占据着生活、学习、思维模式、行为思想，影响着价值观。当前高职学生管理主要是基于班级或者是专业对学生进行管理，可实行实体管理和虚拟管理交互的管理方式。虚拟管理是指在不打乱原有专业实体班级的基础上，基于学生的个性化需求和研究方向，对学生进行虚拟编班管理。实体班级和虚拟班级并存，各自按照培养计划进行学习，不同的培养目标使相同实体班级学生的个性得以发展。

（二）管理对象：主体与客体的关系

从整体上来看，当前我国高职学生还处于一种主体失落的生存状态。过去的高职学生管理过于看重学生的可教性，而忽视了学生的主体性。在教育管理工作中，多数学生仍旧是被动接受的一方。新时代对高职学生提出了更高的要求，不仅要求学生有较高的学科能力和专业技能，而且更加注重学生的软实力，如创新思维能力、敏锐反应能力等。为此，高职学生管理在管理对象上要把握好主体和客体之间的关系。高职学生管理过程本质上是一种交往实践活动，教师的所有教学行为都是立足于学生的发展的。"互联网+"时代下的高职学生管理不再是学生"被改造"和"被训诫"的过程，而应该是尊重学生发展的主体地位，促使学生能够自主地参与学生事务，学会自我管理、自我教育和自我成长。要发挥学生的主动性，可以从管理制度、管理内容和文化建设等方面来落实和保障。

（三）评价标准：有意义与无效果的关系

高职学生管理应该把握有意义和无效果之间的关系。效率等于输出/输入，学生管理的"有效果"是实现了组织管理目标，"无效果"则是未实现组织管理目标。管理的意义在于功效和作用、管理给学生带来的效用、学生对自我的认知、学生的道德品质、学生的技能发展、学生的各项软实力等。在学生管理工作中，意义和效果并不是并存的，学生管理工作是一项长期工作，变化是微小的，短期内学生管理目标可能未实现，但是通过学生管理教育活动，学生向更好的方向发展，管理工作就具有意义。有意义、无效果可能同时发生于一项学生管理活动中，在学生管理工作中要正确地把握有意义和无效果之间的关系。

二、高职学生管理中的矛盾与挑战

（一）师生关系的对立

师生关系的对立是学生管理面临的一个突出问题。教育界历来比较重视对师生关系的研究，古代盛行"尊师思想"和"师严然后道尊，道尊然后民知敬学"，教师的地位是崇高的、伟大的，而学生的地位低，师生之间强调教师的地位和作用。近代，随着"以人为本"和"素质教育理念"等的发展，教学中强调学生的主体性，认为学生是学习教育活动的主体，教师发挥主导作用。但是，在实际的教学和教育过程中，仍旧将教师放在高于学生的位置上来看待，这就与"学生主体"观念相抵牾。从此角度来看，师生关系存在一定的对立性，存在你强我弱的关系，影响了学生管理工作的效果和意义。

（二）管理范围过于分散，价值引领不够突出

当前高职学生管理存在的另一个突出问题为管理范围的分散，管理与教学的边界不清晰，事务性管理和限制性管理过多，使"管"比"理"多、"教"比"学"多，忽视了价

值引领和思想塑造。当前高职学生管理缺乏价值引领的着力点，其主要表现为三点：一是价值观方面，立德树人教育应该是教学的根本任务，教师应该在时代基础上构建符合社会主义核心价值观的价值理解以启发学生，可以进行师德示范。二是学生自身价值判断，"互联网＋"时代下，各种思想交锋更为激烈。受到多元环境的影响，学生的主体选择性更强，学生更容易迷茫，管理手段的硬化会使学生对管理的认同度降低，甚至会产生逃避、拒绝和封闭的心理。三是结合学科专业对学生进行价值引领。在学校管理中，高职教师应该深度挖掘专业背后的价值因素，从而帮助学生形成价值目标。

（三）载体缺乏立体坐标，学生自主管理能力较欠缺

学生管理是一个整体性要素系统，包括教师、学生、课程、课堂、制度、文化、时间和愿景等相关元素，在管理过程中多以一维目标和二维目标进行管理。高职学生管理不应过分注重学生的成绩和教学研究，而忽视了学生的参与；应该建立以学生为中心、以教师和管理人员为主导的教育模式，立足于课程和课堂，优化教学生态，加强制度和文化建设。

（四）缺乏考核体系，质量评估难以监测

如果高职学生管理缺乏考核体系，那么学生管理质量评估将难以监测，会影响学校管理精准育人目标的实现。考核评价体系是学校机制的重要组成部分。当前存在以下突出问题：一是质量评估目的不明确，开展考核的目的在于发现学生管理、教学中存在的突出问题，而当前考核和质量评估过分强调鉴定功能。二是考核体系内容不健全，新时代对人才提出了更高的要求，在对学生进行考核时，常缺乏专业特色及对学生专业素养、职业态度等的考核，不能实现精准育人的教育目标。三是考核方式单一，在考核过程中过分注重结果，强调量化的作用，在评价过程中存在重结果、轻过程的问题。

三、"互联网＋"时代下学生管理精准育人体系的构建途径

基于"互联网＋"时代下学生管理应该把握的关系、面临的突出矛盾和对挑战的探究，构建"互联网＋"高职学生管理精准育人体系是应然之义。

（一）以个性化教育理念实现多维空间的开放互通，优化学生管理生态环境

高职学生管理要尊重教育规律和学生的个性差异，挖掘和发展学生的优秀潜能，进而促进学生的个性化发展。"互联网＋"时代是体现个性需求、激发人的创造性的时代，同时也对人才提出了更高的要求，对于人才的复合型要求明显提升。随着智能化的发展，人工逐渐被自动化替代，对创新思维和创新能力的人才需求越来越明显。基于这一时代特点，在高职学生精准育人理念下，要培养高职学生的实践能力，打造递进式的实践服务平台，以逐步提升学生的实践应用能力。由此高职应建立"第一课堂的专业技能训练学习""课外实验室建设""职业素养空间""通识教育融合""校企合作实训"等学习课程，帮助

学生实现跨专业的学习，结合学生兴趣爱好，可以利用仿真软件和仿真系统进行模拟练习，提供个性化的选择，实现理论知识的内化和提升学生的实践能力。

（二）建立以导师制为核心的学生工作队伍建设，推动育人队伍的质量和内涵式发展

建立以导师制为核心的学生工作队伍能够更好地贯彻精准育人的理念，实现精准育人的管理目标。这里的导师制并不是传统意义上的研究生导师制度，而是指高职学生在学习期间可以将一位教师作为自己的培养联系人，导师对学生的学术研究、职业规划等进行指导。学生工作队伍以服务学生为工作目标，由学生组成。高职可以通过学生培养途径来建立基于导师制的学生工作队伍。学生由教师引导，自发地进行学习研究和创新实践，学生之间可以自主组织工作和学习，将传统的单一学习结构转变为新型的多元化、多层次、多类型的立体学习模式，发挥学生的主动性。精准育人的学生管理还需要发挥学生的积极性和主动性，由学生构建工作队伍，从而实现精准育人的管理目标。学生工作队伍要以导师要求为核心，在学生管理工作中发挥政治导向作用、学习督促作用、工作示范作用和生活关注作用等，为新时期学生管理提供新路径。

（三）建立网格化的共同体管理思维和分层一体化的学生自主服务组织

随着"互联网＋"跨界融合和创新驱动的影响，传统的学生管理模式已经不能够适应当前发展的需求，因此，高职要建立网格化的共同管理思维和分层一体化的学生自主服务组织。在管理过程中，高职应基于网格化管理理念，有效地动员各方面的资源，逐步形成网格化、分层一体化的学生自主服务组织。在管理过程中，高职可依据学生宿舍，将学生划分为多个网格，每个网格确定一名负责人，从学业、就业、生活等方面进行精准化管理；然后再以班级或者专业为依据，划分第二层次的网格，由班主任和班干部共同负责。高职学生管理应针对学生的学习、生活、就业提供服务，同时立足于学生的实际需求，为学生提供针对性的引导帮助和支持。另外，在学生管理工作中，高职应根据学生在不同阶段的需求差异，结合精准育人的教育目标，进行分层一体化学生自主服务组织建设；依据高职学生的年级，可以具体地划分为大一、大二、大三、大四，对学生进行集中集体帮助和针对性帮助，从而达到精准育人的管理目的。

（四）建立学生管理的内部质保诊断系统

建立学生管理的内部质保诊断系统是确保学生管理工作效率的关键一环。内部质保诊断系统旨在提升学生管理工作的质量，应该从学校、专业、课程、教师和学生等不同层面建立内部质量保障机制。内部质保诊断系统以提高学生管理工作的质量为目标，对参与学生管理的各部门、各环节进行严密监管，将影响学生管理工作的因素进行统一管理和协调，从而不断提升教学质量。基于学生管理的内部质保诊断系统建设过程中需要坚持以下原则：

一是以人为本的原则。学生管理工作是为了实现学生的更好发展，质量保证诊断系统同样要以此为核心。二是过程方法原则。对学生管理的过程和方法进行监管，确保学生管理能够更加流畅。三是持续改进原则。通过内部质保诊断，能够不断提升学生管理工作的质量，实现精准育人的教育目标。学生管理工作诊断包括院系评估、学科专业评估、实践教学评估、学生品质评估等各项内容，对学生管理工作进行评估后，要加强对评估结果的运用、反馈、调节、改进，从而提升学生管理的质量和水平。

"互联网+"时代在很大程度上改变了人们的行为方式和思维模式，高职作为人才重要的培养基地，在新的时代背景下，必须进行深层次变革。在"互联网+"时代，产品需求的个性化将成为新的发展趋势，同时传统的行业界限将被打破，将会产生新的生产活动领域。为此，高职应该改革学生管理理念，立足于精准育人理念，在管理方式上把握好实体和虚拟的关系，在管理对象上把握好主体和客体的关系，在管理评价上把握好有意义和无效果之间的管理；建立以导师制为核心的学生工作队伍，建立网格化的共同体管理思维和分层一体化的学生自主服务组织，建立个性化教育理念和递进式实践服务平台，建立学生管理的内部质保诊断系统，以此来提升高职学生管理的效果，逐步建立起多层次、开放性的教育体系，从而为国家培养高素质技术技能型人才。

第五节　互联网时代下高职学生信息管理

随着信息技术的普及，信息化建设在各个行业中都已经得到了广泛应用，信息化手段的应用让管理工作变得更加高效、更加便利。基于互联网模式下高职学生信息管理的建构，让学生管理工作朝着现代化、标准化的方向发展。本节分析了完善学生信息管理体系的必要性和可行性，并探讨了基于互联网模式下高职学生信息管理的具体建构措施。

2015年3月，"互联网+"战略被正式提出，这标志着我们进入了"互联网+"时代，数字化、信息技术、互联网也开始引领时代发展潮流。在"互联网+"时代，推行"互联网+信息管理"模式能够创新学生信息管理体系，为智慧校园、数字化校园的建设增添新的助力。各个高职应主动适应这一趋势，根据自身发展需求，积极探索创新，推出智慧信息化管理系统。目前，我国高等院校的规模在不断扩大，复杂而庞大的学生信息对学校的学生管理提出了新的要求，快速发展的外部经济环境也赋予学生信息管理工作新的内容。

一、完善学生信息管理体系的必要性

（一）当前学生信息管理体系的问题分析

高职学生信息属于学生档案的重要组成部分，有流动性强、数量大、来源广泛的特征，由高职各个部门产生，如学生录取、就业去向、学籍变动等信息。学生信息对外界的交互性、依赖性也非常强。一直以来，高职的重点都在教育模式的改善与重构上，学生信息管理被置于次要地位，国家人事部门、档案部门也缺乏与学生信息管理相关的技术和制度性的文件规定，因此，高职在学生管理工作上具有显著差异。尽管当前高职智慧化校园、数字化校园的建设取得了初步成效，但是学生信息管理发展速度较慢，多数高职对学生信息的管理和利用一直停留在收集、管理、查询阶段，管理效率不高，对于学生信息尚未实现细化目录管理，查询起来非常不方便。随着高职数字化校园的发展，已经全面实现了网上招录、报道、学习管理和学生风格化管理，导致现有的学生信息管理模式越来越难以适应高职的信息化发展需求。

（二）互联网背景下完善学生信息管理体系的必要性

学生信息管理工作需要做到以生为本，为学生的成长和发展服务。在信息化环境下，学生信息管理已经从传统的纸质档案转化为纸质和电子档案并存，且电子档案的数量越来越多。同时，为了满足企业对高职毕业生综合能力的考核需求，在现有的学生信息内容中增加了各种技能竞赛奖项、创新创业情况、社会实践情况等，丰富了信息内容，也增加了信息管理工作人员的工作量和工作难度。而这些信息资源从形成特征上具有孤立性特点，在遗失之后，很难进行查证和补办。从以人为本的角度来看，利用互联网来构建高职学生信息管理系统，能够解决重要材料的备份问题，也降低了信息管理和保管的工作量，提高了工作效率，丰富的信息资源能够更好地为学生发展服务。

（三）互联网背景下建设学生信息管理体系的可行性

如今，数字化校园、智慧化校园建设工作开展得如火如荼，校园网已经实现了全校覆盖，OA 系统也将各类教务活动集于一体，构建出师生共享的数据中心，并根据各个模块的需求构建了招生、就业、学工、教务信息管理系统，为学生信息管理系统的构建提供了良好的信息化氛围和平台支持。依托于互联网、大数据和物联网，能够便利地实现各种数据的交换和共享，实现学生信息管理的统一采集、更新、交互和共享，也让信息的发布更加准确和及时。

二、互联网模式下高职学生信息管理的建构方式

（一）构建原则

互联网模式下，高职学生信息管理系统的建构要遵循实用性和经济性原则，并充分考虑到系统的安全性、先进性、开放性与灵活性。整个系统运用了先进的信息采集、信息处理、信息管理和信息存储技术，并通过数据库技术构建软件集成环境，以确保各种数据资源能够实现共享，采用了通用工作标准的传输介质、网络协议和数据格式，应用了多层体

系结构、B/S、模块化结构，构建有效安全统一的系统权限管理、身份审核认证机制，确保系统能够做到安全、标准，易于维护。

（二）系统框架

在系统框架方面，应用 Browser/Server 架构，开发框架选择 J2EE，构建校园网环境下的多层次信息管理服务体系，以确保实现学生信息的搜集、管理、存储、使用功能。通过这种系统框架的构建模式，一方面可以降低风险，另一方面可以提升系统使用的稳定性和安全性，具体涵盖以下几个层面：

IaaS（基础设施服务层）：属于系统的底层，负责系统软件、硬件、网络平台、安全体系、标准规范、网络协议的设计。

DaaS（数据服务层）：应用了 SQL Server 数据库（MS SQL Server），能够构建传递信息数据库、全文信息数据库、电子档案数据库、用户利用信息数据库和目录信息数据库。

SaaS（应用服务层）：能够区分与学生信息管理相关的网络环境，根据具体要求构建信息管理和利用平台，提供信息的查询、管理功能。其中，学生管理部门是资源总库，负责学生信息的采集、汇集、管理和集散。

模块设计：信息采集功能模块。高职学生信息管理系统是高等教育科学化管理的内在要求和信息化发展到一定阶段的必然产物。在学生信息中有大量的涉密信息，很多都是学生的个人隐私，如果泄露，后果将不堪设想。因此，高职学生信息管理系统还要增设安全管理功能模块，主要有"系统日志""权限管理"两方面，在权限管理上，为不同权限管理者提供相应的权限，管理者的系统操作均记录在日志中。

（三）信息管理功能模块

信息管理功能模块属于系统的核心，能够对高职网络中的学生信息进行数字化转化与处理，可以对学生信息实现从进校、在校到毕业的全程管理，还具备数据备份、数据恢复、数据导入、数据导出、数据打包、数据封装功能。在具体内容上，包括以下几个方面：一是信息录入。需要录入的学生信息，包括成绩信息、公告信息、班级信息等，由管理员提前统计好学生信息数据表，新生在入学后要按照要求在规定时间内完善信息。二是课程管理。管理员在登录之后，可以对课程进行添加、修改、查询等；学生登录后，可以查询所修课程与相关任课教师。三是成绩管理。学生在登录后，可以在成绩管理模块中输入查询条件查询分数；教师登录之后，可以查询到这门课程的平均分、最低分、最高分。四是在线考试。在线考试试题类型有单选题、多选题、填空题、判断题、简答题等，对于客观题，系统可以打分，主观题则由教师来打分。通过在线考试模块，学生可以参与在线考试，教师则可以进行录入、维护等操作活动。

（四）安全管理功能模块

机械设计是机械类专业的技术基础课程，其任务是培养学生分析和设计机械装置、机械零部件的能力，是培养学生综合运用所学知识解决机械工程实际问题的重要课程。该课程在课时设置、教学内容等方面已形成了较为成熟的体系，但是仍存在一些问题。

（五）信息查询和利用模块

在信息查询和利用模块中，需要设置多种信息检索方式，通过姓名、身份证号码、学号、专业等信息的组合查询，可以便利地检索到学生的各类信息。为了确保数据安全，在模块中，有在线身份认证功能，并根据系统设计划分出校园网、局域网、互联网，互联网与校园网之间有逻辑隔离，各类用户都可以通过相应的移动互联网终端来调取学生的数据信息和档案资料。

（六）大数据体系的构建

对于高职而言，在每年的新生入学后，都有大量信息需要录入，为了进一步加快了信息更新速度，发挥出信息管理系统的价值，需要构建出大数据体系。高职管理者要明确学生信息管理工作的方向和目标，构建大数据管理团队，明确团队人员的责任分工、职责范围，构建工作审核制度和岗位监督制度。同时，高职还要培育专门的大数据人才，健全大数据技术的应用、管理和施工；在学生信息管理工作的开展上，要考虑学院差别，对信息进行统一录入和管理，构建完善的学生信息管理制度，对信息做出针对性管理。

（七）交换共享平台的应用

对于高职而言，交换共享平台要包括学生信息管理的各项数据，从生活管理到日常教学，从新生入学到后勤管理、教务管理，只要是与学生信息相关的数据，都需要被纳入交换共享平台中，确保信息的沟通性、共享性。同时，大数据信息管理者要及时上传、更新信息，在上传信息时，按照信息所属来进行划分，要科学区分、核查，确保信息的准确性。

随着信息技术的普及，信息建设方案在各个行业都被提上日程或已得到实施。信息化手段的应用使管理工作方便、快捷、高效。"互联网＋信息管理"是学生管理工作发展的一个重要趋势。现阶段互联网技术在学生信息管理工作中的应用还面临一些问题，如信息安全保护、数据标准化建设、高职信息化发展等。学生信息管理关系着高职学生的切身利益，高职要根据自身情况应用各类先进技术进行创新管理，稳步推进高职学生信息管理，实现各类信息的科学化管理。相信通过多种手段的开展，能够真正发挥出学生信息的价值和作用。

第六节　互联网思维的高职学生管理工作路径

在网络信息技术冲击下，工业时代建立起来的中心化、控制式、科层制的高职学生管理模式面临去中心化、去边界化、去中介化的严峻挑战。改进高职学生管理工作，要积极借鉴、融合互联网思维，主动革新工作理念、方法途径和体制机制，大胆优化管理范式，以期更好地实现育人初心。

随着移动互联时代的到来，世界更加互联互通，逐渐形成万物互联的网络格局。高职学生是移动互联网时代的原住民，是网络时代的主人翁。我国高职肩负着立德树人的重要使命，学生管理工作是高职管理育人的重要环节。在网络时代，高职学生管理工作理应为满足学生的个性化需求而存在，理应为立德树人而服务。习近平总书记在十九大报告里面也明确要求："全党要关心和爱护青年，为他们实现人生出彩搭建舞台。"高职在搭好台子、服务青年方面应该坚持以人为本，坚持以学生为中心，不忘立德初心，牢记育人使命。面对数千年未有之网络大变局，传统高职学生管理工作面临新的挑战。如何借鉴、融合互联网思维，推动传统高职学生管理工作自我变革，主动服务青年，进而实现"怎样培养人"的目标，具有不可或缺的重要意义。

"互联网思维"这一概念诞生于互联网行业，由互联网从业者最先提出，而后跨界到其他传统行业，后经由国家领导人上升到国家政治话语体系，历经了三个维度的迭代演化。2011年4月12日，李彦宏在百度联盟峰会上首次提出"互联网思维"这一概念。2012年5月11日，雷军在全球移动互联网大会上提出"互联网思想"，后来他反复使用"互联网思想"或"互联网思维"等概念，"互联网思维"这一概念开始成型。2013年11月3日，《新闻联播》播出"互联网思维带来了什么？"互联网思维开始进入社会主流话语体系。之后，腾讯总裁马化腾、海尔首席执行官张瑞敏、万通控股董事长冯仑、联想控股董事长柳传志、奇虎360总裁周鸿祎等业界大佬对其反复提及，这一概念的流传也越来越广，开始从互联网行业跨界到其他众多行业。2014年8月18日，习近平总书记在中央深改组第四次会议上提出，"强化互联网思维"推动传统媒体和新兴媒体的融合发展。2015年12月16日，习近平总书记在第二届世界互联网大会上，提出世界各国关于共同构建网络空间命运共同体五点主张，互联网思维逐渐上升到国家话语层面。

截至目前，网络信息的传播模式大体经历了三个阶段：第一阶段Web1.0（门户时代），代表模式如网易、搜狐、新浪等门户网站，其特征是信息的展示、单向的传播，信息传播以门户网站为核心；第二阶段Web2.0（搜索/社交时代），代表模式如百度、腾讯等，其特征是信息的"定向索取"，开启了人与人之间的双向互动，用户开始生产内容；第三阶段Web3.0（大互联时代），代表模式如微信等移动互联网应用的出现，其特征是人人交互、人机交互、多终端交互等多对多交互模式。智能终端的大规模使用，使万物互联时代真正开启。随着物联网、大数据和云计算等信息技术的逐渐成熟，信息传播的速度、广度逐渐加快，真正的 Web3.0 将全面开启。信息技术最先对商业领域进行颠覆，而后扩展到社会结构、管理方式等各个领域，传统工业社会建构起来的组织结构开始发生转变。

最初，互联网作为一种工具形态出现。随着互联网的发展，互联网思维应运而生。基于人类发展的历史经验来看，从工具创新到工具思维引发思维方式的改变，进而上升到价值观的变革是普遍规律。伴随着移动互联网的迅猛崛起，互联网思维得以集中爆发。对于互联网思维的内涵认识，学界还没有形成统一的观点。大部分学者认为互联网思维是借鉴利用互联网的规则、理念和精神来进行思考创新的思维方式，是对互联网世界价值观的抽象表达与方法阐释，是互联网世界的价值观与方法论。

关于互联网思维的特征，业界和学界都没有给出统一明确的定义，但取得较大的共识是，互联网思维大体包括用户思维、平台思维、简约思维、迭代思维、数据思维、粉丝思维、社会化思维等各种思维，其中用户思维是统领，是其他各种思维的基础。互联网思维被看作是在农业社会的经验思维、工业社会的理性思维基础上演变而来的与网络社会相适应的智慧思维。互联网思维作为互联网世界的价值观和方法论，是对传统社会价值观的重新审视。在互联网的世界里，"'互动'的本质是'民主'，解决以往单向、管制、专制；'联接'的本质是'开放'，加强'联接'的过程，就是不断'开放'的过程；'网络'的本质是'平等'，点与点之间的关系不再是'等级'，而是'平等'"①。"互联网思维的价值追求在于不断探索创新、用户的信任、组织结构扁平化以及体验分享和知识共享。"②这种互联网世界的价值观体现为一种以人为本的价值理念，是对人性的回归和人文主义的复兴，体现为开放、平等、协作、分享的网状思维模式和价值取向。

一、高职学生管理工作转型的原因

互联网的泛在化使"无时不网、无处不网、无人不网"这一现象的出现，人人都是自媒体、个个都是段子手，时时发声、处处留言。网内网外一体、线上线下一家，网络已然成为新时代的基础设施，无孔不入地弥漫在人们周围。随着网络社会的崛起，建构在工业社会基础上的高职学生管理制度面临着去中心化、去边界化、去中介化的严峻挑战，新的基础设施与旧管理制度的冲突不可避免地爆发。

（一）去中心化，传统学生管理科层组织面临被解构

工业思维是这个社会的主导思维，中心化、流程化、标准化、控制式等工业品生产领域的思维概念被高职学生管理制度所继承。在此基础上建构起来的高职学生管理模式具有浓郁的科层、集权特征，自上而下形成一个金字塔形的封闭系统。此组织结构决定了目前

---

① 朱锐勋. 基于互联网思维的政府领导力研究 [J]. 电子政务 ,2016(2):60-66.

② 朱锐勋. 基于互联网思维的政府领导力研究 [J]. 电子政务 ,2016(2):60-66.

学生管理模式是对上级领导负责，以领导为中心而不是以普通学生为中心，是以管理为目的而不是以服务为目的。网状结构的互联网是没有中心节点的，并不是一个科层金字塔结构，呈扁平状。互联网的网状特征决定了其去科层化、去中心化，是扁平式、分众性，要求互动、开放、平等，可以解构工业思维的集中型、控制式、科层化的理念。在此基础上形成的互联网思维，其核心是以人为本，在管理实践中表现为"以学生为主体"和"为学生服务"。

（二）去边界化，传统学生管理封闭运营面临被打破

高职传统大学生管理模式部门化、职能化明显，涉及的学生管理事务被若干职能部门划分。每个职能部门"画地为牢、筑城为邦"，将紧密联系的社会整体人为区隔化、条块化。在传统学生管理模式下，每个部门封闭管理，资源利用的权限和边界明显，学生学习、生活、社交、就业等各方面产生的数据没有实现共享。传统学生管理模式在较大程度上利用信息并不对称，通过对信息资源的封闭垄断实现对管理权力的垄断。互联网的技术特征是互联互通，承载在互联互通基础上的是信息的高度流动和高度扩散，打破了传统管理者对信息的垄断权。网络跨界联通的开放性要求打破现实物理环境中"学校—学生"的封闭式组织结构，形成组织与个体共享信息的新形态，进而实现共享共赢。

（三）去中介化，传统话语权威传播表达面临被离析

传统的学生管理模式利用信息的不对称，致使管理者（学校）与被管理者（学生）双方先天话语权的不平等。网络多点相连、普遍连接的技术特征，要求扁平化，形成"无中介"之状。传统的信息传播通道控制在管理者手中，在信息爆炸时代，管理者无法实现对信息的垄断来维持自己的话语权。通过无中介化的网络，"完全个性化的信息可以同时送达几乎无数的人，每个参与者，不论是出版者、传播者，还是消费者，对内容都拥有对等的和相互的控制"[①]。尤其"网络博主"等意见领袖通过占据网络节点的有利位置，影响甚至左右网络舆论，形成部分网络话语霸权，传统话语权威被离析。

网络社会带来的基于技术创新形成的高职学生管理工作转型，既不是转场也不是转移，而是革新，是基因的重组。网络社会的深刻变革，要求根据互联网更新管理理念、调整管理组织、改进管理方式、提高管理能力，真正实现高职学生管理工作的互联网化转型，变网络挑战的压力为转型升级的机遇。

二、高职学生管理工作转型的方式

以互联网思维为指导的高职学生管理工作既是自上而下的"构"，也是自下而上的"建"，体现交互、平等、开源的特性。高职借助互联网开展学生管理工作时，不能仅仅互联网当

---

① 王学俭.基于新媒体技术背景下的高职德育SWOT分析[A].教育部高等学校社会科学发展研究中心编.高职德育创新发展研究（2009）[C].北京：高等教育出版社,2010：67.

作学生管理工作的工具，只停留在外部"器"（电子学工）的层面；而是要借用互联网思维积极更新价值理念、创新工作思路，在"道"（理念学工）的层面实现内化升级。"互联网＋学工"不仅是在线学工，还是一种管理变革的思路，是要以互联网为基础设施和价值理念，创新学生管理工作的思维模式、组织模式和服务供给模式等，进而以互联网思维构建新的学生管理模式，以此提升学生管理工作的服务能力。"互联网超越时空限制，从科技工具走向思维方式，倒逼所有传统产业和传统组织迎新求变。"①"互联网思维"概念的提出及在商业上的成功运用，为高职学生管理工作转型发展提供了新的视角和范式借鉴。

（一）基于用户思维，更新学生管理理念

在互联网思维中,用户思维居于最核心的位置,是其他各思维的基础。用户思维是"纲",其他思维是"目",纲举目张。在传统的科层制管理之下，强调的是"客户思维"；在互联网的世界中，强调的是"用户思维"。从"客户思维"到"用户思维"，仅一字之差，但反映了管理理念的变化。用户（学生）是使用产品或服务的人，关注点是提高效率、带来便利。教育产品最终是为用户（学生）服务的，注重的是用户（学生）体验。客户是购买产品和购买服务的人，但不一定是使用者，关注点是价格。基于交易关系，以客户为导向，营销策略是有效的，而以用户为导向，体验最为关键。用户思维强调对产品的体验，体现出"以人为本"的价值取向，凸显出用户（学生）的主体地位。

"以人为本"的用户思维与教育"以人为本"的宗旨具有高度契合。高职应借助网络赋权，以学生的需求为出发点，构筑从原来管理者"权力驱动"的管理模式到被管理者"需求驱动"的服务模式转变。

（二）基于平台思维，重构学生管理组织

在用户思维这个总核心的引领下，高职应坚持为学生服务的宗旨，以学生的需求为突破口，减少纵向的自上而下被动串联型管理，增强横向的左右协作主动并联式连接，使学生管理组织更加扁平。高职应围绕学生的学习娱乐、生活社交、实习就业等各环节，以扁平化、分布式、平台型模式重构高职学生管理组织。扁平化的网状组织模式使学校内部的各职能部门形成一种协作的关系，将学校与外部的连接变成合作关系，学校成为学生管理服务的有效平台。

学校内部的不同专业、学院、部门在协作与连接时，要打破各自的藩篱，每个专业、院系、部门都要成为互联网的一个节点。在网络化的基础上，高职应建立多边协同协作、开放共建共享的扁平化组织，形成以学生为中心的大学工、大服务的学生服务体系。

———————————
① 魏国华. 智慧团建：互联网思维下共青团转型发展 [J]. 中国青年研究，2014(5)：46-50.

（三）基于简约思维，简化学生管理流程

当前高职学生管理模式，条块分割，信息封闭，政出多门，办事手续烦琐，加之部门之间容易扯皮推诿，极易造成学生管理的空白地带。"互联网思维不是做加法，而是做减法，减掉面向终端用户（学生）的不必要环节，减掉不必要的资源消耗，减掉一切与最终用户（学生）直接沟通的障碍，减掉层层加价的中间渠道，减掉组织多余的架构层级。"[①]学生管理制度的空白地带是漏洞也是改进的机会点。大道至简，简约才能专注。对标简约思维的要求，学生管理工作要看起来简洁；说起来简单，一句明白；用起来简化，一键到底；学生办起事来最多跑一次。

（四）基于迭代思维，优化学生管理模式

迭代思维的本质是要及时乃至实时地把握学生需求、响应学生反馈，并能够根据学生反馈迅速进行教育管理的动态调整。伴随互联网技术的快速发展和信息流动加速，各种"微"生活和"小世界"层出不穷，深刻影响着高职的校园日常管理。在学生管理上，就是要对现行学生管理机制、服务模式进行不断优化和"微创新"，这是一种渐进性、持续性和细微化的变革。迭代思维核心以微变应万变，要求不断用变量的新值替代旧值进行创新，要求在实践中不断试错，在试错中迭代创新。在"微创新"中，将教育管理做到极致，在极致中打动学生，最好的学生工作是打动而不是告知。每届学生、每个学生都会有变化，都是变化的个体，积小变为大变；持续改进、存量优化、增量改进，在每一个学生身上循环改进，积小进步为大进步，最终积量变为质变。

（五）基于数据思维，提高学生管理绩效

在网络信息技术背景下，高职应遵循互联网规律，融合大数据思维于高职学生管理之中，以回归学生管理的本质，改善和提高管理绩效。"大数据时代最大的转变是，放弃对因果关系的渴求，大数据是全数据、全维度，这带来了观察和分析事物的视野扩张与视角变化。"[②]大数据的价值不在大，也不在全，而在于对数据的挖掘、分析和预测的能力，核心在于理解数据的价值。数字校园、智慧学校建设应以大数据为抓手，进行数字化管理、智慧型服务。高职可以通过对学生学籍学分、学业预警、上课考勤、图书借阅、校园消费、勤工奖惩、社团活动、心理健康等各种校园数据的收集、挖掘、整合和分析，可全面、实时、系统掌握学生的个体信息，预测学生行为，进行前置管理。

基于大数据的学生管理测评体系可专注到学生细分领域，寻求对不同学生群体的个性化、精细化的管理与服务。高职可以通过线上数据了解学生的个性需求，优化线下管理服务，借助技术手段实现从"人管"转向"智控"，不断提升学生管理的智慧化水平。

① 吉峰，张婷，亚凡.大数据能力对传统企业互联网化转型的影响：基于供应链柔性视角 [J].学术界,2016(2):68-78.

② 金元浦.互联网思维：科技革命时代的范式变革 [J].福建论坛（人文社会科学版）,2014(10):42-48.

（六）基于粉丝思维，提升学生管理参与感

借助网络的连接力量，粉丝（部分学生自嘲为"屌丝"）价值凸显。学生自称"屌丝"源自他们大部分出身普通，甚至出身草根。网络应用的草根性正好迎合了这些不被关注的普通学生群体，虽然他们往往在现实世界中默默无闻，但是在网络世界发言特别积极且非常有创意，往往"高手在民间"。通过网络的连接互通，"屌丝"学生的参与永无止境。在网络时代，"屌丝"学生不再是一个被动的接受者或无关紧要的旁观者，而是积极的参与者、重要的生产者。他们不仅能够生产内容，还能够传播内容。借助网络，普通学生（"屌丝"学生）的创造力、参与性得到了空前的提升。互联网奉行的是一种"长尾理论"，而普通学生（"屌丝"学生）就是互联网上的"长尾"。"长尾理论"是一种思维的转变，是对传统"二八定律"的颠覆。"二八定律"关注的是学生精英群体，"长尾理论"关心的是普通学生的参与感。普通学生（"屌丝"学生）的单个能量不强，但是通过互联网快速聚合起来的参与能量却是惊人的。我们从"长尾理论"得到的启示是任何时候都要关注边缘化的普通学生（"屌丝"群体）。

想要抓住"屌丝"学生，就是要找到他们的"存在感"，提升他们的"参与感"。正如小米公司创始人雷军坦言，"小米销售的是参与感，这才是小米秘密背后的真正秘密"，"因为米粉（小米的粉丝），所以小米"。管理者权力的大小不是以支配、调取资源的多少来衡量，而是以粉丝的数量、忠诚度、参与度和活跃度来评判。粉丝是管理者的"影响力"与"号召力"之源，得粉丝者得天下。"粉丝赋权"要求管理者需要自己的粉丝来成就自己。孔子之所以被后世尊为"圣人"，从某些方面来说，是因为他有粉丝（弟子）三千帮助其传播学术理念。一旦粉丝对管理者从认识、认可到认同，就容易升级到"骨灰级"粉丝，让想干事的粉丝做管理者想做的事，管理者的管理也就水到渠成了。

（七）基于社会化思维，引导学生自组织管理

互联网思维中的社会化思维是指借用社会化的工具、媒体和网络，重塑学校和学生的沟通关系、组织管理和运作模式的思维方式。社会化思维不是单向的告知，而是双向的交互，倡导参与合作、平等沟通、众包协作，注重链式传播、口碑营销、粉丝价值、社群运营，渐渐形成了一种新的网络社会关系和新的网络社会形态。网络虚拟空间已经成为学生的重要空间，网络化生存是学生的重要生存方式。学生群体在虚拟空间中以网状结构的社群形式存在，以群内同质化、群际异质化为特征的"群体极化"明显，"志同道合"与"臭味相投"共存。借助网络，相同爱好、志趣相投的人很容易聚合到一起，对传统组织的领导者的管理权威消解明显。

最理想的教育是让学生自我教育、自我管理、自我服务。高职可以建立适合学生自身发展的学生"自组织"社群，将散沙化的学生网民组织起来，并制定"自律"规则和"自管"公约。在这个网络共同体中，学生"朋辈"之间要遵守共同的网络规则（"群规网约"）。

借助"朋辈"之间的社会关系，依靠群组织内部的利益关联进行相互制衡，每个人都将限定自己的网络行为。在社群中，每个学生"自主学习、自我发展、自我管理"，管理者通过对社群的建设与引导，一方面，可以实现对学生思想动态和行为习惯的掌控；另一方面，通过凝聚学生社群，变网民数量为网民力量，进而升华为网民正能量。

高职学生管理工作借鉴、融合互联网思维，并不是简单"器"层面的数字化转场，而是"道"层面的理念的更新、基因的重组，要从理念思路、方法途径、体制机制上找准切入点，不断革新理念、重构组织、改进方法，从而解决问题、增强实效。

信息化背景下的个性化定制，是对工业时代批量化、标准化生产的扬弃。个性化本质上就是人性化。贯彻落实"以人民为中心"的发展思想，对于互联网思维视域下高职学生管理工作而言，就是要学懂、弄通、落实从"大众"到"小众"、从"人人"到"个人"、从"客户"到"用户"的工作导向，以学生为中心，做好精准管理、精细服务，践行走好网络群众路线。

第七节　互联网时代下高职学生管理的特征与趋势

在"互联网+"时代，当代大学生的生活、学习与互联网密不可分。在分析"互联网+"对高职学生管理的影响、"互联网+"学生管理模式的优势与特征的基础上，探讨了"互联网+"背景下学生管理的趋势，指出高职学生管理人员要善于运用互联网，加强对学生意识形态的引导，帮助学生树立正确的世界观、人生观和价值观。

"互联网+"时代的来临，各行各业的发展方式、管理方式都发生了翻天覆地的变化，这种改变同样存在于高职的发展与高职对学生的管理中。在"互联网+"时代，学生几乎每天都会使用手机、平板电脑等移动终端与外界联络，获取资源，很多高职学生也会将自己的生活动态、学习情况、所闻所感发布到网络空间，反映了当代大学生的生活、学习与互联网密不可分。习近平总书记勉励新时代广大青年：青年兴则国家兴，青年强则国家强，青年一代有理想、有本领、有担当，国家就有前途，民族就有希望。如何利用互联网管理学生、优化学生管理模式，已成为高职学生管理工作者必须面对的重要课题。近年来，高职学生管理模式正因此发生着重大变革，并且随着未来科技的发展及人才强国战略的实施，这种改变也必将成为一种趋势。

一、"互联网+"对学生管理工作的影响

"互联网+"对高职学生的管理，既是机遇又是挑战，既可以推动高职学生管理模式的变革，也为学生管理带来了诸多不确定的因素。

（一）"互联网+"给高职学生管理带来的机遇

第一，增强了学生管理的时效性。基于互联网信息传递的实时性，有利于增强高职对学生日常管理与思想管理的即时性。高职学生管理人员通过朋友圈、QQ空间等平台，可以第一时间了解学生近期的生活情况、思想动态，也可以通过点赞、留言、评论等缓解管理者与被管理者之间的关系；同时，学生管理人员还可以利用微信等即时聊天工具第一时间向学生传递各类考试信息、会议信息、招聘信息、就业信息等，有效地提升了学生管理的时效性。

第二，扩宽了学生管理的渠道。相较于传统的班会、座谈会、电话等形式的学生管理方式，互联网背景下的"互联网+"管理模式，能充分运用公众号、论坛、班级网站、实习管理平台等新平台对学生开展教育和管理，再加上互联网资源的开放性与共享性，高职学生管理人员通过网络平台就能搜集到大量与学生管理工作相关的材料，并在这个网络平台上建立学生管理工作群，以达到优化学生管理模式，提高学生管理水平的目的。

第三，营造了与学生交流的良好氛围。学生管理是高职管理的一项重点任务，能否妥善、有序地管理好学生，是体现管理层水平的一项重要指标。管理者利用网络虚拟平台与学生交流，学生与管理者无须面对面谈话，这就减少了面对面交流的紧张氛围。学生可以轻松地表达自己对学校、对教师的建议，便于学生管理工作人员更深入地了解学生，随时调整管理策略。

第四，提高了对学生的个性化管理水平。学生自身约束力、时间观念、性格取向均不同，高职学生管理人员可以利用各类基于互联网的教育管理平台，分类设置不同的管理条件，如在学生的实习管理中，利用实习管理平台，设置学生签到次数、日志数量、月报提交等，以便实时了解学生动态，提高对学生管理的效率与服务水平。

（二）"互联网+"给高职学生管理带来的挑战

第一，容易固化学生思维。互联网资源之庞大及传输速度之迅速，极大地丰富了学生获取学习资源的途径，开阔了学生在象牙塔内的眼界。但互联网的发展也是双刃剑，学生一旦遇到问题或难题，习惯于第一时间寻求网络帮助，如课程考查时，学生提交的答卷雷同程度非常高等，这阻碍了学生的发散思维，管理者也很难辨别学生的真实水平。

第二，给学生带来巨大信息隐患。互联网信息量大，真实性难辨，学生是弱势群体也是易动群体，而网络上时有社会负面信息流出，这让意志不坚定的学生更容易受到网络不良信息的冲击，他们叛逆、不配合学校的管理，导致管理成本与管理难度增加。

第三，学生易沉溺于网络。互联网在日常生活中迅速普及，成了各家庭生活的一部分。很多学生从小就沉溺于多姿多彩的网络世界里，网络游戏、网络电影等触手能及。越来越多的学生沉迷于其中不能自拔，其担当意识、纪律意识和责任意识越来越淡薄，严重影响了学生的日常生活与学习等，加大了学校对学生的管理难度与培养难度。

第四，影响了学生的身体健康。"移动设备＋网络"是现在学生的生活标配，走路、吃饭、休息、坐车无处不有低头族，学生更是如此，抵挡不了网络的诱惑。长此以往，不仅可能耽误他们的学业，而且影响视力，乃至身体健康。

第五，阻碍了对学生口头表达能力和人际关系处理能力的培养。学生是一个群体，在群体中生活、学习，自然离不开互相沟通、互相交流。但在当今的网络时代中，人们完全可以脱离面对面交流的方式，微信、腾讯 QQ 等聊天工具取代了绝大部分面对面交流机会，腾讯 QQ 群、微信群等公共群的建立代替了班集体面对面会议，文件、通知通常在群里公布、在群里交流，学生有意见在群里反馈。久而久之，学生的口头表达能力和人际关系处理能力得不到锻炼，为学生走出校园面对社会增加了负担。

可以说，自互联网技术普及以来，国家及各地政府都十分重视教育信息化建设工作。

二、"互联网＋"时代下学生管理特征

基于"互联网＋"时代下的学生管理模式是互联网发展的新型管理模式，具有特定的优势与特征。

（一）管理更高效

互联网具有高效性、即时性、准确性。在互联网大背景下，学生可以通过互联网的高效性与开放性获得一系列有助于他们身心发展与学习的信息；同时借助互联网的优势，管理者也可以及时将信息快捷、高效地传递给学生，既减少了口头传达、文件传达等中间环节的时间延迟，也大大提高了工作效率。

（二）管理更便捷

借助互联网平台，校内新闻和重要信息等均可以更快、更方便地进行公示与通知，也可以通过网络平台便捷地进行各部门间的沟通交流及学生与各部门之间的交流，并且能够将交流的结果及时反馈给学生，如网络论坛、腾讯 QQ 群等。部门负责人通过设置校园网络论坛公开接待日，实时查看并回答学生的问题、倾听学生向相关部门提出的意见与建议，向学生征集对学校相关管理和规划方面的看法。各部门应安排负责人在线解答相关问题等，以便管理者及时对学生进行疏导和管理，更好地发挥网络信息化管理的优势，提高管理效率，以达到有效管理的目的。

（三）管理更易被接受

管理是一种职责也是一门艺术，学生管理者要把学生的学习、生活、思想管好是一种职责；抓住学生的喜好，充分利用当下学生的特征，让学生乐于接受管理则是一门艺术，而互联网能促进管理者结合互联网工具创新管理方式，在日常管理中融入学生的生活、学习，使学生更容易接受被管理。

三、"互联网＋"时代下学生管理趋势分析

（一）管理理念：坚持师生平等更能凸显学生的主体性

在以往的学生管理中，管理者往往代表着权威，充当着主导者的角色，因此，在实际的管理中，学生会产生逆反心理，想要挑战权威，挣脱被管理的束缚，这为学生管理工作带来了重重障碍，管理部门也难以有效开展工作。教师与学生是平等的两个群体，学生既是管理的主体，也是管理工作的参与者，要既让学生意识到管理的必要性，也要能调动学生的参与积极性。基于"互联网＋"的学生管理模式，需秉承以"学生为主体，教师为主导"的教育理念，高度重视学生的自我价值实现、注重学生的全面发展。只有融入学生的个性化发展，拉近管理者与学生之间的距离，才能充分转变学生管理工作的管理观念，做到有效沟通，为管理工作者及学生的发展树立正确的管理与被管理的观念。

（二）管理团队：工作职责更加专业化、学术性

学生管理并不是为了管理而管理，最终是要提高学生的综合素质，让学生今后有足够的能力在社会上生存。互联网时代有着鲜明的时代特征，学生管理团队的时代素养，决定着被管理学生的时代特性，因此，管理团队不仅要在实践层面更加专业化，也要在实践中不断提高理论素养。为此，只有建设一支政治观念强、业务能力精通、纪律严明、作风端正、品德高尚、学术水平较高的专业学生管理团队，才能确保学生管理水平随着时代的发展而逐渐提高。

（三）学生日常行为管理：依托教育技术更加信息化

学生日常行为的管理，在学生管理工作中往往是难点也是重点。养成一种行为习惯容易，但要纠正一个行为习惯就需要长时间跟踪与提醒。学校的管理者人数比学生人数少得多，如何及时发现学生的日常行为弊病？这就要求管理者能灵活运用互联网这一信息大平台，将学风建设、校园文化、文体活动与日常文明行为相结合，充分调动学生的参与积极性，让学生在活动的参与中发现自己的不当行为，并及时用文明行为来规范学生的言行，通过教育技术的介入提高学生日常行为管理的效率。

（四）学生心理健康把脉：基于多方信息逐步实施大数据管理

心理健康在当今已成为高职教育的重点，学生因生活环境不同、家庭情况不同、生活条件不同，在学习与生活中存在着多种困扰，有的学生甚至存在严重的心理疾病。从发现学生的心理疾病到帮助学生解决心理问题，是一项长期的思想活动，这给学生管理工作人员带来了一定的管理难度。现在的高职基本都开设了心理健康教育课程，并设置了心理咨询室，配备了心理咨询师，但是很多学生从内心难以接受自己的心理问题，很少能主动向

教师或心理咨询师坦言自己的心理疾病。也有学生担心其他同学对自己有看法，会特意隐瞒自己的心理问题，这些情况为心理健康管理工作增加了难度。在"互联网+"背景下，管理者可以依靠互联网，利用大数据分析来提升对学生心理健康管理的日常化，如定期对学生进行心理测试，利用大数据进行分析、排查学生的心理健康情况，视学生的心理问题严重情况进行分类，并制订专门的帮助计划，定期进行座谈，做好谈心记录及保密工作，帮助学生树立正确的世界观、人生观、价值观，帮助学生解决心理问题；同时，积极引导学生走出学习倦怠、生活懒散、精神空虚的消沉状态，培养学生积极健康的学习生活习惯。

（五）了解学生内心世界：形成线上线下结合的多维立体网络

学生都是独立的主体，有着自己的思想特点与兴趣特长。对于性格开朗的学生，高职学生管理人员很容易从其日常行为表现中了解到他们的内心；但对于性格内向的学生或不善言谈的学生，高职学生管理人员即使与他们单独谈话，也不一定能得到他们的真实想法。高职学生管理人员应该充分利用互联网工具，如腾讯QQ、微信、邮箱等，建立QQ群、微信群，在群里分享一些积极、健康、向上的文章和视频信息，引导学生自觉培养阳光、向上的生活习惯及树立良好的生活价值观；也可通过举办班级活动、社团活动、知识竞赛、兴趣小组、网络辩论赛等方式培养学生的集体荣誉感，强化学生的班级荣辱观，提高学生自身素质，确保学生管理工作的顺利进行。

学生管理模式的发展直接关系着学生管理工作的有效性。随着时代的发展，学生管理模式也在发生变化。互联网时代的到来，为学生管理模式提供了新思路、新手段，互联网的大数据分析也为学生的管理带来了便捷性与精准性。因此，在互联网时代，高职学生管理工人员更应把握学生的时代特性及学生的量化管理指标，为互联网时代学生管理工作的优化与水平提升提供重要依据。总之，互联网的发展和更新在高职学生管理工作中显现出越来越大的影响力，对学生的生活、学习也具有巨大的吸引力。高职学生管理人员要善于使用互联网，以便在学生的生活与学习上更好地进行管理；同时，要加强对学生意识形态的引导，不断传播社会主流价值观、传递社会正能量，帮助高职学生树立正确的世界观、人生观和价值观，提升其对社会主义核心价值体系的认同感。只有这样，才能最大化地利用好互联网，使之在管理学生信息的便捷性上、在管理学生思想动向的把握上、在管理学生文化活动的带动上起到有效作用，才能更好地把青年一代培养成实现中华民族伟大复兴中国梦的接班人。

第四章 互联网时代下高职学生管理的创新研究

第一节 互联网时代下高职学生事务管理

学生管理工作是高职学生管理人员的一项重要工作。随着互联网的发展，新媒体技术为高职学生事务管理工作提供了便捷、有效的信息化手段。高职学生管理人员应当适应现代网络的发展，转变工作理念，改变工作方式，将网络新媒体等现代化信息技术与高职学生的思想政治教育、学生管理和学生服务相结合，不断增加学生管理的科技含量，实现高职学生管理的科学化、信息化发展。

高职学生管理工作担负着培养高素质学生的重要使命，是高职人才培养工作的重要组成部分，是提升高职人才培养质量的重要抓手。随着科学技术的迅猛发展，互联网及新媒体技术在高职学生中得到广泛应用，高职学生通过网络认识外界、获取知识、表达情感等现象也越来越普遍。高职可以利用互联网技术对高职学生在学习、生活、交流中产生的各类信息进行采集，与现行的学生信息进行整合分析，准确掌握学生实际情况，有针对性地开展高职学生的思想政治教育、学生管理和学生服务等活动，从而使高职学生管理工作更加科学化、精准化。

一、互联网在高职学生事务管理中的作用

（一）有利于推进高职学生思想政治教育的开展

高职学生思想政治教育的目的在于提高学生的综合素质，促进学生全面发展。伴随着智能手机的普及，高职学生习惯通过微信、微博、腾讯QQ等网络社交软件，与人进行沟通，分享自己的事情和情感，自然地表达自己的想法和最真实的生活状态，更真实地反映自己的内心世界。因此，高职可以合理利用互联网技术的优势，通过在线监测学生的网络社交情况，及时有效地掌控学生的思想状况，有针对性地开展思想政治教育。同时，高职还可以利用"两微一端"等高职学生常用的网络社交平台，通过高职学生喜闻乐见的互动

方式，主动作为，积极传播正能量，占领网络制高点，积极开展高职学生思想政治教育工作，正面引导高职学生成长、成才。

（二）有利于学生日常管理工作的有序开展

以往的高职学生日常管理工作，面向的学生数量较为庞大，涉及的学生数据纷繁复杂，加之学生群体管理过程中存在诸多复杂的问题，所以一直困扰着高职学生日常管理工作的有序实施。互联网技术的诞生可促使学生管理工作得到全方位的落实，使这些问题得到有效的解决。高职学生管理人员可以借助学生管理软件，如今日校园、超级校园等，依据学生姓名、学号等基本信息，依据学生群体的有关工作实施有效管理，不但节约了时间，而且可以减少诸多复杂的流程，提高工作效率。同时，互联网技术在优化和改进高职学生管理工作方面也提供了诸多的支持，如便利获取信息数据，及时反馈学生信息，切实提高了学生群体信息采集数量和种类，继而更多地掌握学生群体信息。

（三）有利于实现对经济困难学生的精准资助

精准资助是高职学生资助工作的必然要求，传统的资助考查方式对学生的真实经济状况缺乏有效反映，如贫困学生由于自卑或者自尊心太强不愿过多透露自己的家庭情况，在进行信息统计时导致数据信息与实际情况不符，再加上人为因素的影响，使资助工作难以完全实现规范性和公正性。高职将互联网技术应用于学生资助工作中，通过网络技术监测学生的日常消费等情况，能够更加及时地了解学生的生活，并通过多渠道采集学生的基本情况，创建涵盖面更广的受助学生相关信息数据库，制定更加科学、合理的贫困生认定机制，避免人为疏漏或主观误判，实现真正意义上的精准资助，从而使国家、高职和社会等层面的资助能够真正用于需要帮助的困难学生。

（四）有利于促进毕业生精准就业

目前，全球经济下行，中小企业特别是小微企业经营困难，全国高职毕业生人数又连年创历史新高，高职毕业生面临着日益严峻的就业压力。而且，绝大多数高职毕业生对自身认识不足，没有明确的就业意向、职业规划和对市场就业需求的判断。高职可以利用互联网技术收集学生的性格类型、学习成绩、兴趣爱好、培训经历、就业技能等基本信息，有针对性地进行个性化分析，得出最接近学生本人实际情况的切实可行的就业定位，最终对学生进行更加精准的就业指导。同时，高职还可以通过互联网技术实时地向学生推送就业信息，推荐招聘单位，分析就业形势、就业政策，分享求职技巧等，更好地为毕业生提供指导和服务，提升毕业生的就业质量。

（五）有利于精准预防学生心理疾病

在高职学生的成长成才过程中，他们的身心健康安全是保证他们在大学期间学习、生活、交往等一切正常发展的基础。受环境因素、人际关系、情感障碍、学业压力、就业压力等影响，高职学生容易出现身心健康问题。高职可以利用互联网处理速度快、时效性高的特点，通过学生日常使用的腾讯QQ、微信、微博和朋友圈等社交平台，及时掌握学生的心理健康状况，动态收集学生的生活轨迹和心理表达情况，分析学生的行为信息，一旦发现学生出现身心健康问题，能够第一时间进行干预指导。尤其是针对有心理问题的学生，对其动态保持实时掌握更是保障学生安全的重中之重。高职运用互联网技术能够更全面地了解学生的心理状况，保障学生的健康安全。

二、高职运用互联网创新学生管理的途径

（一）强化高职学生管理工作者的互联网意识

在当前互联网时代大背景下，互联网技术在我国已逐渐普及。截至2019年6月，我国网民人数已高达8.54亿人，其中学生人数占比最高。针对这种情况，传统的学生管理理念和管理方式已经不适合当今高职，因此，高职学生管理人员必须要重视思想观念的转变，树立正确的互联网意识，做到与时俱进，适应时代发展，将互联网技术融入日常工作中。同时，高职学生管理人员应该主动学习各种网络应用技术，提高自身对数据的敏感度，充分利用互联网技术对学生情况信息进行搜集、整合和分析，筛选出其中有价值的信息，用直观、准确的数据代替原有的经验管理，运用互联网思维模式解决实际问题，将互联网管理理念融入高职学生管理工作中，为学生管理工作的顺利开展提供有力的支持。

（二）提升学生工作队伍的信息化知识水平和技能

在互联网背景下，高职学生管理人员每天需要面对纷繁庞杂的信息。如何从这些庞杂的数据中筛选出有价值的信息，分析出信息背后所隐含的深层次的意义，需要高职学生管理人员必须具有较强处理信息和解决复杂问题能力。由于互联网技术的专业性，需要专业的数据处理人才对其进行管理。为了确保高职学生管理工作的专业性，要求不断加强对高职学生管理人员的信息化知识和技能的培训力度，定期对高职学生管理人员进行互联网处理能力的培训。通过不断参加各类技术培训，使其能够熟练掌握信息的处理方法，提高其计算机使用能力和信息的处理和分析能力，以便其通过对信息的挖掘、整合、分析及时掌握学生的思想情况和学生所关心的热点问题，精准、有效地开展学生教育管理和服务工作。

（三）创新工作机制，建立顶层管理制度体系

高职一旦意识到互联网技术的重要性和使用价值，就必须从机制着手，从顶层设计开始，创新学生教育管理体系，建立互联网驱动的高职学生管理新模式。高职应不断深化学生管理的信息化程度，根据高职学生管理现状制定相应的信息化管理制度，开发具有高职特色的学生管理信息体系，明确每一个环节工作需要，从信息采集，到信息整合分析，最

终获得具有针对性的结论，构建全方位的互联网驱动机制；并严格规范各项工作制度，建成工作任务明确、操作流程规范、数据质量可靠、工作责任落实的管理制度体系。以互联网信息化的综合管理为契机，高职能够实现对学生管理和教育的科学化和个性化，不断满足学生发展的要求。

（四）做好数据信息监督管控，加强信息安全管理

社交软件在互联网时代下已得到高职师生的广泛运用，尤其是高职学生对网络的依赖很强，不少学生在网络平台上分享自己的事迹、情感。高职学生管理人员为了工作需要，也会建立各种学生工作群，如微信群、QQ群等。高职学生管理人员需要经常关注学生的网络信息，了解学生的所思所想、兴趣爱好和活动行为。与此同时，网络具有很强的开放性，海量的信息中必定会存在虚假信息，高职学生管理人员要提高辨别信息真伪的专业素养，从海量的信息中进行有效的筛选、过滤，提炼有价值的真实信息。高职学生管理人员要做好信息安全的管理工作，避免出现信息泄露的问题，及时发现不良信息，防范危险因素的入侵。高职应建立网络信息监控系统，有效防止外界入侵，避免信息泄露，保证学生的信息安全；同时，也能够在很大程度上杜绝网络不良信息传入校园网，从而引领学生健康成长。

高职学生管理工作的开展，直接影响着学校教育工作的质量和水平。随着互联网时代的到来，高职的学生管理工作的形式和内容等各方面都发生了深刻的变化。高职学生管理人员应该结合互联网时代的影响，重新审视学生管理工作的变化，强化互联网意识，树立正确的管理观念，熟练掌握运用互联网知识，科学利用互联网技术和技能处理学生工作，以此正确开展高职学生的思想政治教育，帮助高职学生实现自我能力的提升，为高职的可持续发展和学生的成长成才贡献一份力量。

第二节　互联网时代下高职学生日常管理

国家实行"互联网＋"战略，对高职学生管理提出了新的挑战。高职学生管理人员，应该从实际出发，积极应对，建设和完善网络宣传阵地，引导学生积极向上。同时，在日常管理中，高职学生管理人员要以学生为本，成为学生的引路者。

网络作为继报纸、广播、电视之后的"第四媒介"，是一种传播速度快、信息容量大、覆盖范围广的全新传媒，具有高度开放性和全球交互性的特征，对当代大学生思想政治教育产生了重要影响。2015年，国务院颁布了关于积极推进"互联网＋"行动的指导意见，认为"互联网＋"是把互联网的创新成果与经济社会各领域深度融合，推动技术进步、效率提升和组织变革，提升实体经济创新力和生产力，形成更广泛的以互联网为基础设施和创新要素的经济社会发展新形态。同时，国家鼓励高职利用数字教育资源和教育服务平台，逐步探索网络化教育新模式，扩大优质教育资源覆盖面，促进教育公平。这对高职的学生管理而言也是一个新的挑战。

一、"互联网 +"时代下高职学生日常管理面临的挑战

高职学生日常管理是高职管理工作的重要组成部分，是指高等院校通过非学术性事务和课外活动对学生施加影响，以规范、指导和服务学生，丰富学生校园生活，促进学生发展、成才的组织活动。高职学生管理面对的是世界观、人生观、价值观正在形成的青年一代，对他们进行管理和引导就显得尤为重要。同时，互联网的加速普及和新媒体时代的到来，对于高职学生日常管理也是新的挑战。

（一）"互联网 +"时代对于高职思想政治教育工作的挑战

随着互联网的普及，各种信息呈爆炸性发散，各种新技术极大地方便了人们的生活。在此过程中，学生能够接触到的信息也越来越多，而这些信息中也掺杂着一些不利于高职学生身心健康的信息。同时，有些网站为吸引人们进入，采取的方式不是加强内容质量、提高服务水平，而是利用人们的猎奇心理将新闻的标题起得耸人听闻，甚至歪曲事实。在这些新闻中，负面信息正在逐渐增多。

在此过程中，由于网络信息具有非理性和从众性，部分学生缺乏辨别能力，导致在接触网络信息的过程中，他们更多地被负面信息围绕，而缺乏对正面信息的接收。如果在这一过程中不加以及时引导，那么很容易就会导致学生变得对事偏激，影响了个人的正常发展。

（二）"互联网 +"时代对于大学生个人素养和能力的挑战

在笔者的实际工作中，发现目前很多高职学生存在着眼高手低的现象，认为自己上了大学就比别人厉害，而且在脱离了父母的监督后，放松对自己的要求，遇事不冷静。同时，在互联网上，他们每天接触到的都是如何一夜暴富、某人如何幸运地获得成功这样的信息，导致他们不愿踏实做事，总想走捷径，心浮气躁。

同时，由于网络上的信息存在匿名性，部分学生在网上随意发言，甚至为宣泄个人情绪发布一些与事实完全相反的信息。在此过程中，他们就可能被有心人加以利用，造成严重的后果，甚至造成对自身的伤害。

（三）"互联网 +"时代对于高职危机事件处理能力的挑战

在当今网络飞速发展的时代，信息传播的速度极快，传播的范围也变得更广。同时，很多学生更乐于借助网络来反映自己遇到的实际困难、困惑和不满，而不是直接找辅导员解决问题。如果个人的意见没有得到重视或被延误，那么个人情绪容易激化，进而演变成群体问题。

在笔者的日常工作中，曾经有一名学生因为对学生会干部的工作不满，给辅导员发信息反映问题。由于辅导员没有及时回复，导致该生觉得学院、辅导员对其不重视，甚至觉

得辅导员偏袒学生会干部，20 分钟内在百度贴吧中连续发表对学院、辅导员、学生会的攻击性言论。随后，网络上出现了大量跟帖，跟帖内容均是对学校不利的言论，造成了较坏的后果，对学校和学院的形象都造成了负面影响。

由此可见，在当今网络飞速发展的时代，随着人们表达个人观点的自由度越来越高，任何人都可以通过邮件、论坛、微信、微博等随意发表言论，更加剧了危机事件的发生，对高职的学生管理者而言，也成了一个新的挑战。

（四）"互联网 +"时代对于高职辅导员个人能力的挑战

当前的高职中，还有部分学校并不重视对辅导员的选拔，而是采取将新进教师直接安排至辅导员岗位，造成了现在部分高职辅导员的专业五花八门，但真正涉及管理的却很少。同时，由于辅导员工作是一份良心活，干多干少不好量化，有些辅导员上岗后不思进取，只想干满几年后转岗，对学生管理工作得过且过。此外，随着互联网的发展，各种新技术也不断涌现，而许多辅导员却并不关注，或是限于自身的专业，无法更好地利用新技术来方便管理，造成与学生的脱节。

二、"互联网 +"时代下高职学生日常管理的改变

针对当前的学生管理实际，笔者认为，应加强以下几方面的工作：

（一）充分利用网络，开拓网络思政阵地，积极引导学生

当前是一个信息爆炸的时代，各种信息纷至沓来。在面对网络上各种各样良莠不齐的信息时，高职学生管理人员不能逃避或是被动接受，而应该积极面对，及时处理和应对网络上出现的各种情况，掌握网络舆论的主动权。

同时，高职应积极开拓网络思政宣传窗口，大胆发声，向学生宣传正面的、及时的信息，积极引导广大青年学生。此外，由于网络言论具有从众性，高职还要注意网络舆论的主导者的充分发挥，主动占领舆论的制高地。

（二）坚持以学生为本，引导学生提高自身素质

由于现在大部分学生存在感性大于理性的情况，因此，在日常的学生管理工作中，高职学生管理更应该站在学生的角度来考虑问题，做到以学生为本，在日常的学生管理工作中，注重实行"爱、严、细"的管理方式，积极引导学生提高自身素质和修养。

对于网络，不要简单地视其为洪水猛兽，也应看到其积极的一面。高职学生管理人员，尤其是辅导员，要及时跟进网络热点，掌握情况，这样才能在与学生的交流中不脱节，有话可说。同时，辅导员也应熟练掌握网络道德规范，以身作则，引导学生树立积极、正面的价值观。

（三）加强对危机事件的应对和处理能力

在近几年各高职的危机事件中，网络都在其中发挥着重要的作用。在很多危机事件中，网络都扮演着舆论放大器的角色。

面对这种情况，首先，高职应建立应急机制，力争将损失降低。在危机事件发生后，高职要积极面对，采取开放的姿态，及时公布事情真相及处理进度，将谣言的可信度降到最低。在事件处理过程中，高职要将处理进展和最终处理结果及时公开，取得公众和学生的信任。

其次，要加强对网络舆情的研判和分析。在学生日常管理工作中，辅导员要加强对学生各种、诉求的归纳。在此基础上，预判可能出现的问题，如新生入学报到时很大可能会遇到因火车、飞机晚点导致的晚上到校的住宿和报到问题，以及学生在毕业时面临的就业、学位取得问题，这些都是可以通过收集汇总历年案例而提前判断的。通过及时处理和平时的分析汇总，高职完全可以将大部分危机事件化解在萌芽状态，这对学生管理工作而言是十分必要的。

（四）加强培训和锻炼，提升辅导员个人能力

对于高职辅导员而言，职业认同感是十分重要的。因此，高职要加强对辅导员的重视程度，在业务培训和职称评审方面，应予以适当倾斜，给予他们工作的成就感，创造良好的环境使其愿意从事学生辅导员的工作。同时，针对当前互联网已经成为人们沟通和交流的重要载体的实际情况，应加强对辅导员的网络应用能力培训。此外，针对网络上的各种突发情况，应进行专门培训，使辅导员在应对网络舆情时，敢发声、会发声，能够及时地应对和解决网络上出现的各种问题。

在当今网络信息爆炸的时代，学生管理人员应该从实际出发，主动出击，积极应对，建设网络宣传阵地，向学生宣传正面的、积极的信息，引导学生积极向上；同时，在日常管理中，以学生为本，多从学生的角度考虑问题，妥善处理学生的正当诉求。此外，高职还要加强对辅导员的培训和管理，使之成为学生的引路者。这才是当今时代高职学生管理工作的重点。

第三节　互联网时代下高职学生体育社团管理

作为我国新生代的主要力量，高职在社会建设中扮演着越来越重要的角色，其价值观念的转变给传统高职学生体育社团的管理也带来了一定挑战和机遇。谈及高职学生体育社团发展，互联网是一个绕不开的话题，本节给出了互联网背景下高职体育社团的管理策略。

目前，大学生已经逐渐成为我国新生代主要的力量。经济建设与互联网的高速发展，

带来了更开放、多元化发展的社会文化。随着"90后""00后"两代人的成长，其日新月异的价值观念、思考与行为方式都给我国高等教育质量的提升与转型升级提出了新形势下的新要求。高职学生体育社团的发展、建设与管理也出现了比较多的新情况，而传统高职学生体育社团的管理模式与管理策略已经不能很好地适应当代大学生为我国高职学生体育社团管理所带来的挑战和机遇。鉴于此，高职学生体育社团亟待转换工作思路。

当今社会，互联网是一个必须要去谈论的话题，尤其是在高职之中，高职学生正处于充分利用互联网又深受其影响的一种状态中。作为高职学生社团中的中坚力量，一般意义下的封闭式训练已经不适合学生体育社团的不断提升与更好发展。充分利用好互联网的包容性与开放性，把互联网与高职学生体育社团的各项学生工作紧密联结在一起，探寻更科学的管理模式与策略十分必要。

一、互联网时代下高职学生体育社团面临的困境

（一）活动开展局限

高职学生体育社团需要立足于各项体育活动，一般是在校体育教研部、校团委和社团联合会的指导下开展各项学生体育活动，在社团管理、社团经费和活动开展等方面拥有一定的自主权利。但是学生体育社团要开展活动，受到时间、空间、经费和人员等各个因素的综合制约。第一，学生体育社团的各项活动属于高职第二课堂范畴，高职学生的第一要义是进行专业学习，在学有余力的情况下参与各项活动，但是目前高职学生的学习任务较重，参与第二课堂活动的时间相对被压缩；第二，高职学生体育社团进行活动的主要阵地——各个体育场馆首要保证的是体育教学工作的正常开展，在教学之余才会安排各项体育赛事活动、社会公众、学生社团使用，学生体育社团使用体育场馆的时间非常有限，且使用权常常得不到保障；第三，学生体育社团属于学生自筹社团，虽然有指导单位和指导老师，但是往往没有稳定收入来源，活动经费得不到保障。

（二）社团成员招募面临压力

随着互联网的普及，移动通信、电子商务等行业飞速发展，人们进行体育锻炼的时间随之不断减少，且有意锻炼和无意锻炼意识都在逐渐下降。比如，在移动通信没有普及之前，人们进行沟通需要面对面，就会无法避免地走路锻炼，而手机普及后不用见面就能沟通，自然导致锻炼机会减少。互联网时代背景下，高职学生参与体育活动的频率下降，体质健康状况也不如之前，普遍对参加体育活动的兴趣不高，学生体育社团对学生的吸引力也不够。高职经过长时间发展，一般均有数十个甚至上百个种类的学生社团，在招募社团成员时，学生体育社团要面临较大的压力。

（三）学生体育社团面临被边缘化

"边缘化"这一概念是社会学中的说法，一般指的是被社会主流活动主流人群所排斥、不包容。学生体育社团面临被边缘化的主要原因就是高职体育存在被边缘化倾向。目前，高职普遍还是应试教育体制，对体育重视程度有待进一步提升，同时高职学生还没有形成良好规律的锻炼习惯，体育意识较为淡薄，这是目前我国高职学生体育锻炼的现状，也是导致高职学生体育社团面临被边缘化的重要原因。同时，由于高职学生体育社团属于第二课堂范畴，伴随着互联网的时代背景，各种碎片化信息充斥在网络之中消磨着学生的时间，学生普遍沉迷于手机、计算机等智能设备，对社团的兴趣骤减，这也导致高职学生体育社团进一步被边缘化。

二、互联网时代下高职学生体育社团的机遇

目前，很多高职学生对于体育运动还是有很高的兴趣，但是苦于不得其法，难以掌握正确的体育运动入门方法，又特别害怕不恰当的运动锻炼方式会对自己的身体造成不可逆转的损伤，所以会向网络求助。而因为互联网本身具有的开放、包容、共享的特性，使他们在从互联网上得到一些有很高借鉴意义的同时，也难免受到一些不正确的信息的影响，而解决这些不正确信息影响所引起的问题就是高职学生体育社团应该肩负起的责任。高职学生体育社团作为拥有众多体育资源的学生组织，很好地借助互联网的资源就能够实现这些资源在很大程度上的整合与利用，同时将这些资源服务于高职师生及社会，在此过程之中实现学生社团的传统特性与现代特性的有机结合，使得学生体育社团的组织架构更加适合当代大学生的生活，让其成为一个文化育人、活动育人的主要阵地。

三、互联网的应用对于高职学生体育社团管理的作用

（一）促进高职学生体育社团与社团之间的交流与联系

在互联网广泛普及的今天，高职的各个社团可以借助互联网来建设并完善各个社团之间的交流。在不断的沟通与摸索之下，在校园内建立起一个便于各个社团交流的网络信息平台。其一，有利于促进各个社团自身进一步发展；其二，有利于高职内部各个社团之间进行交流讨论，提高工作效率，完善自身工作模式。

（二）促进各高职之间学生体育社团的沟通联络

现代网络信息技术普及使得校与校之间的交流沟通不再如之前那般烦琐，各高职借助互联网可以轻松实现沟通，以及共同发起组织学生活动。就学生体育社团这个方面来看，2015 年举行的"解放日报杯"上海高职学生网球赛暨锦标赛，就是由上海市教委、《解放日报》报业集团、上海市体育局，以及复旦大学、上海交通大学、同济大学、上海财经

大学等 30 余所高职依托网络沟通所举办的贯穿整个年度的大型赛事。各个参赛高职借助互联网展开频繁的交流互动，增加了各个高职学生体育社团的活动内容，丰富了高职学生的体育文化生活，从而大大推进了学校学生体育社团的建设工作，提高了学生体育社团在高职校园内的影响力和知名度。

（三）进一步加强高职学生体育社团与社会之间的联系

新时期下，高职学生体育社团不仅需要提高学生的体育活动能力和体育专业水平，更需要引领更多的学生投身到体育活动中来，不断丰富学生的实践经历。通过加强使用互联网信息技术，可以把高职学生体育社团放在开放、自由的社会大环境之下及严谨的校园文化氛围中，进一步拉近学生社团与社会两者之间的距离，为学生创造更多的社会实践的机会，从而在不断增强高职学生社团与社会之间的联系的同时进一步彰显学生社团的价值与意义。

四、"互联网＋"时代下高职学生体育社团构建设想

根据目前各个高职所采用的常规的"体育教研部、学校其他职能机关处室—校团委—学生社团联合会—学生体育社团"的基本工作与管理模式，在整个高职学生体育社团运营的过程之中，充分融入互联网的因素，结合目前学生社团现状，以学校官网、应用软件、微博、微信、腾讯 QQ 等为平台载体，计划开发一个集个体管理、交流互动、资源共享、活动宣传与报名等多种服务为一体的综合型互联网服务平台。平台设计拟加强移动端的使用，符合新时期人们对互联网的使用习惯，增强用户黏性。

（一）综合管理模块

由最高管理员进行全局统筹与管理，是"互联网＋"学生体育社团的最高权限者及核心。

（二）成员管理模块

以高职各个学生体育社团为单位，实现每个单位的成员注册、录用和批量管理。这些工作从线下转移到线上之后，能够较好地避免时间和空间形成的局限。每位社团成员都可以很方便地使用移动端进行线上操作，与此同时，每个社团的指导单位、指导老师和学生社团负责人也可以随时随地查看、管理成员，极大地提高了工作效率。

（三）活动发布与管理模块

高职学生社团的主要依托就是各项学生体育活动，因此在本信息平台上可以实现活动的发起、活动的报名、报名成员审核、活动通知与宣传等功能，成员可以线上完成各项体育活动的报名与签到，记录运动时长，借此核较第二课堂成绩。

（四）场地信息模块

运动场地也是高职学生体育社团进行活动的重要保障。高职学生通过这一模块能够实现学校体育场馆的实时查询，查看各类场馆的预定情况，在线进行场馆预约使用。

（五）互动平台

各个学生体育社团可以在互动平台上建立自己的组织，实现社团成员之间的交流互动，同时社团与其他社团、社团与社会赞助方、社团与指导单位等组织机构也能依据此平台展开及时的交流讨论。

五、互联网下高职学生体育社团管理策略

（一）加强平台技术保障，加强专业技术人员培训

在互联网时代，越来越多的工作将依托各个高职所搭建的"互联网＋"学生体育社团信息平台展开。首先，需要维护好信息平台，平台的正常运行既需要学校相关专职教师、学生社团负责人等主体力量，也离不开保障平台信息安全的专业技术人员。学校需要定期加强对各类运维人员的培训，确保整个平台规范运行，为高职进一步推进体育事业增添力量。

（二）构建社团管理新思维，探索新模式

互联网时代网络化和新媒体技术对新生代的高职学生产生了深远的影响，促使高职学生体育社团也随之发生了巨大变化。高职学生体育社团的运营在一定程度上可以突破时间、地域和空间范围的限制。因此，在新时期要实现学生社团的高效运维，就要主动打破各种限制，深入体察新时代高职学生特征，体察新生代需求，积极拓展网络新渠道，借助新媒体设备，从社团建设与社团管理，从社团制度与社团文化，从传播内容与传播形式等各个方面做好内容的整合与创新，努力做好将线上与线下的资源、课堂外与课堂内的知识、传统媒体与新兴媒体的有机结合。同时，高职学生体育社团要主动占据有利的形势，牢牢把握住使用新媒体和互联网进行体育教育的主动权，充分利用互联网的信息与资源，积极开辟第二课堂，带领学生进行专业体育训练、体育活动。

（三）正确处理传统事物与新生事物之间的关系

"互联网＋"体育社团作为新时期的新产物，对传统的高职学生体育社团开展活动的形式和内容造成了巨大冲击，因此如何利用好互联网这把双刃剑，使互联网为体育社团的健康、有序发展做出贡献，处理好传统与新生事物两者之间的关系，是各个高职亟待思考和解决的问题。

（四）做好制度把控，进一步完善监控机制

无规矩不成方圆。高职要开展好学生体育社团的各项学生工作，必须在完善的制度约束保障之下，促使其有序展开。各个高职在进行学生体育社团管理时，要有针对性地结合互联网时代背景做好各项制度的修改与完善的工作，保证互联网时代背景下的高职学生体育社团顺利运行。

第四节　互联网时代下高职学生就业教育与管理

在高职教学改革的过程中，学生就业竞争力的提升备受关注。许多学校开始重新调整学生就业教育方向，不断实现再就业教育管理内容和形式的革新，采取恰当可行的教育和管理手段，来为学生的就业和成去长营造良好的空间。在"互联网+"环境下，高职学生再就业环境发生了极大的变化，高职学生管理人员需要站在学生的角度给予学生针对性的引导，只有这样才能够保证学生在完成学业之后顺利走向不同的工作岗位。

一、高职学生就业教育与管理工作现状

为了顺利实现教育教学目标、提高人才培养质量、保障学生顺利就业，许多学校坚持"以人为本"的教学理念，着眼于高质量就业的发展需求，改革教育教学管理模式。但部分高职的教学实力有限，教育管理工作不容乐观，大部分的工作内容和形式相对比较传统和片面，存在许多难以避免的弊端，严重制约了学生的个性化成长和学校改革。《2020年中国大学就业报告》公布，2018年毕业生就业率为91.5%，2019年毕业生就业率为91.9%，尽管这一数字有所提升，但学生数量增长较快，相对来说就业率仍呈下降趋势。

（一）课程结构和内容不合理

高职学生就业教育管理工作是一个系统性工程，属于学校教育教学管理体系的基础性环节，对学生的个性化成长意义重大。有一部分学校结合就业指导课程设置的实际情况，将该课程纳入公共必修课中，并且主要以二年级和三年级为主。另外，本科类院校和专科类院校的学科设置差异较大，如本科院校的新闻传播专业设置了新闻摄影这一基础必修课，但很多专科院校没有开设，学生的专业竞争力难以得到有效提升。有一部分学校没有着眼于目前的就业形势，没有将就业课与政策课相联系，使得学生对自身职业规划认知比较模糊。学术界和理论界在对目前高职学生的就业教育与管理工作进行分析后提出，高职在课程安排方面存在较大区别，大部分主要以理论教学为主，参与就业实践的机会偏少，这一工作只能够流于形式，难以发挥相应的价值。从微观角度来看，这种教条式的教育教学形式及统一的教学方式导致学生只能够实现通识学习，无法提高个人的就业竞争实力，难以真正实现个人的良性发展。

（二）师资力量有限

教师的教学能力、教学方向及其所采取的教学方式会直接影响学生参与的积极性及就业教育管理工作的质量。与其他专业课程相比，学生的就业教育管理工作较为复杂，对教师的要求较高。大部分高职过于注重专业技术知识的学习，无视对学生就业教育管理工作的落实，极少有具备该课程专业知识的教师，同时知识系统更新缓慢，难以给予学生更多恰当的引导，实质性的教育教学质量和水平呈现不断下降的趋势。另外，有一部分学校不重视就业教育管理工作的革新，忽略了对该课程教师的提升和培养，将主要精力和时间放在专业课程的教授上，要求专业课程教师进行自我提升。对就业教育管理工作来说，大部分教师的专业知识存在极为明显的局限性，无法满足该教育教学板块的教学要求，教学质量和教学效果难以得到保障。不可否认，就业知识与社会发展存在着极为紧密的联系，只有结合社会发展需求和经济发展趋势来调整后期的教育教学方向，才能体现这一学科教育的时代价值和实践要求。但有些教师对这一学科教学的理解和认知比较浅显，无法结合信息化发展的实质要求不断更新知识体系，使得这些教师，难以真正地实现长期创新，学生获得的学习和提升机会较少。师资力量的有限性还体现在青年教师在整体教师队伍之中所占的比重偏低，现有的教师队伍年龄较高，对新鲜事物及现代化教学手段的理解和认知较为浅显，难以针对性地调整自身的教育教学策略和方向，无法主动将多元化的创造性教学策略融入教学改革和就业指导工作之中。一些年龄较大的教师过于关注学生应试能力的培养，忽略了就业指导工作的大力践行和创新，对新时代背景之下的就业趋势和发展方向的理解和认知较少，因此难以在引导学生、鼓励学生的过程中保障就业指导工作的针对性和有效性。学生所获得的辅导较为传统，因此实质的就业工作停滞不前，严重影响了学生的顺利就业及全面成长与发展。另外，有的青年教师的教学经验不足，没有意识到就业辅导工作的重要价值和作用，忽略了后期的自我学习和不断积累。

（三）辅导员专业技能有待提高

高职教学工作是一个系统性工作，对教师和学生来说都是一个较大挑战。其中，辅导员扮演着重要的角色，与学生的联系非常频繁，是学生的就业指导老师。在对目前的高职学生就业教育与管理工作进行分析时可以看出，辅导员在心理疏导、就业服务和就业指导过程中发挥着关键作用，但辅导员自身的就业指导和服务水平层次参差不齐。辅导员在忙于日常的烦琐事务时，很难静下来潜心研究自己的专业，且其获取信息的渠道非常狭窄，提升、进修、培训的机会很少，难以与学生实现情感上的交流和互动，严重影响了学生的个性化成长和发展。在新的时代，高职辅导员的工作内容和形式发生了一些变化，有的辅导员自身工作经验较少，对工作内容的理解和认知较为片面，在工作中并没有结合学生发展的实际要求，因此难以根据高职人才培养目标的现实条件调整自身的教育方向和辅导策略，实际工作能力和工作水平难以得到有效的提升，导致了一部分管理资源的浪费。学术界在对辅导员的工作内容和形式进行分析时明确提出，辅导员是高职教育教学和管理工作的重要辅助，辅导员的工作能力和专业技能水平会直接影响学生管理工作的开展水平，大部分辅导员能够意识到自身工作的重要性，但一些青年辅导员还没有领会核心要求，而是直接以简单的师生联系为依据，无视与学生之间情感的交流，忽略了对学生真实需求的分析和研究，最终导致其所提供的管理和帮助不符合学生个性化成长和发展要求，无法真正体现辅导员的价值和作用。另外，有些辅导员忽略了后期的提升和学习，自身的专业技能不符合高职教学的要求，最终导致专业技能水平停滞不前。

二、高职学生就业教育与管理工作策略

为了避免出现上文中所提到的问题，在"互联网＋"环境之下，我国高职要结合时代发展现实趋势，针对性地调整学生就业教育与管理的工作方向和策略，将理论分析与实践研究融为一体，结合目前所出现的问题提出相应的解决对策，以此来更好地体现这一工作的时代价值，促进学生顺利就业，保障学生能够为社会的发展做出自身相应的贡献。

（一）调整课程设置

为了顺利实现前期的教育教学目标，保证学生高质量就业，教师必须引导学生进行自主实践，鼓励学生深入社会了解就业的严峻形势，以此来对个人的就业实力形成一个客观的认知。其中，课程设置的优化升级对学校提出了一定的要求，学校需要加大对这一课程的支持力度，注重教学实践活动的顺利开展，适当增加教学实践课时，以就业心理指导为依据，保证学生既能够掌握专业知识、顺利就业，又能树立正确的就业观和人生观。首先，理论教学是前提，教师可以坚持这一重要的教学方向，保证学生对理论知识有一个客观的认知；其次，在引导和鼓励学生的过程中给予学生意向岗位实习和体验的相关机会，让学生在自主实践的过程中提高个人的就业竞争能力。互联网环境下的学校就业教育和管理环境比较复杂，为了突破时间和空间的限制，学校可以购买就业网络课程，将课程的选择权交给学生，让学生自主学习和选择；积极融入更多的心理学课程，加强学生的心理辅导和心理疏导，促进学生做好充分的就业准备，尽量避免学生出现消极应对的情绪和负面心理，从而在自主就业和择业过程中实现个性化的成长和发展。

（二）提升教师队伍水平

教师是整个教育教学实践活动的重要引导者和组织者，为了保障课堂教学效率，实现学生的良性成长，学校需要结合目前的教育教学环境，给予教师更多自我提升和学习深造的机会；了解教师在教学实践过程中所遇到的困难，给予教师更多的帮助，使教师能在不断地学习和教学改革中实现个人教学能力和水平的综合提升。另外，教学模式的改革必须紧跟互联网发展趋势，积极更新教学内容，通过对信息渠道、学生特质、生源结构和教学技术的分析来掌握就业指导的核心要求。教师也需要树立终身学习的理念，不断提升个人

的就业指导能力和水平，采取创造性的教育教学策略给予学生更多的自由发挥空间，促进学生的良性成长。需要注意的是，教师队伍水平的提升所涉及的内容和形式相对复杂，是一个长期的过程，因此高职除了需要投入更多的时间和精力外，还应加强与社会各界的联系，寻求其他组织的帮助和支持，将更多符合时代发展要求的新鲜血液融入现有的教师队伍。另外，高职还需注重老中青在教师队伍中的合理比重，适当调整教师梯队，注重青年教师的职业发展规划与引导，提升青年教师的教学能力，使其解决教师的后顾之忧，使其将主要精力放在教育教学改革上，促进专业课程教学改革的推进，给予学生更多自由发挥的空间和机会，保证学生在自主学习过程中源源不断地收获和成长。

（三）实行二元指导模式

专业课教师和辅导员都是学生就业教学管理过程中的重要指导者和引路人，为了体现就业指导与服务的综合性，学校可以积极构建以专业课教师和辅导员为主的二元指导模式，培养学生的多方面能力，充分体现高职就业教育与管理工作的指导作用和价值，培养学生形成良好的学习行为、习惯和自主就业能力。在信息时代背景之下，学生信息接受的渠道越来越多元化，信息更新换代的速度非常快。为了开阔学生的视野，实现学生的全面成长和发展，学校需全方位做好学生的管理工作，鼓励学生站在宏观的角度分析行业发展态势，真正实现自我认知能力和水平的稳定提升。只有这样，学生才能在激烈的社会竞争中找到自己的就业方向，实现顺利就业。学术界对二元制指导模式进行分析和研究时明确提出，这种创造性的指导模式能够在吸引学生注意力的同时充分挖掘学生的学习潜能，促进学生顺利就业，还可帮助教师摆脱传统管理工作模式的束缚和负面影响。教师需要注重不同指导方式和环节之间的内在逻辑联系，重视与学生的情感交流和互动，着眼于学生的主观能动性及个性化成长和发展需要，及时调整教学思路和方向，让学生能够在与教师进行互动和沟通的过程中学会自我教育和自我成长，主动规划个人的就业方向，积极接受辅导员和教师的管理和指导，以便顺利就业，提高个人的竞争力。

作为高职教育教学管理的重要组成部分，学生的就业教育与管理工作备受关注，这一工作的内容和形式比较复杂，教师除了需要站在学生的角度思考和分析问题之外，还需要了解"互联网＋"环境之下就业的具体现状，分析高职学生的就业竞争力和就业环境，以此来实现后期教育与管理工作内容和形式的优化调整。结合相关实践调查不难发现，目前高职学生的就业现状不容乐观，出现了许多的困难和障碍，学生的就业竞争力不足，实质的就业率呈现不断下降的趋势，这一点在"互联网＋"环境下呈现得非常明显。

第五节　互联网时代下高职学生宿舍管理

随着我国教育由精英教育向大众教育转变，高职学生数量不断增多，对高职学生宿舍管理也提出了更高的要求。在"互联网+"时代背景下，高职学生宿舍管理开始由传统的管理模式向系统化、自动化、信息化管理模式转变，可以说互联网的应用大大地提高了高职学生宿舍管理效率。本节就"互联网+"下高职学生宿舍管理系统进行了相关研究。

学生宿舍管理系统是高职管理系统的重要组成部分，学生宿舍管理工作不仅关系学生的人身安全，更关系学校教育活动的开展。长期以来，学生宿舍管理主要靠人工方式，这种方式效率比较低，尤其是在高职学生数量与日俱增的背景下，传统的宿舍管理体系已经无法满足实际需要。随着"互联网+"时代的到来，智慧校园逐渐发展，为高职学生宿舍管理带来了巨大机遇。在"互联网+"时代，高职可以借助计算机信息化技术构建完善的学生宿舍管理系统，从而实现学生宿舍智能化管理。

一、高职学生宿舍管理的重要性分析

高职学生宿舍管理是高职管理工作的一部分，不仅关乎着学生的发展，更关系到学校的发展。众所周知，宿舍是学生学习、生活、娱乐的重要场所，宿舍安全、卫生等问题直接影响着学生的身心健康发展，学校必须高度重视学生宿舍管理工作。首先，高职学习比较自由，学生拥有很多可以自由支配的时间，这也造成许多学生会被校外多姿多彩的生活给迷惑，进而出现夜不归宿的现象，而加强学生宿舍管理可以避免这类现象的发生，让学生养成良好的作息习惯。其次，许多高职学生会违背学校规定，私用违禁电器，增加了宿舍电力供应系统的负荷，进而可能出现短路、电火灾等情况，而加强学生宿舍管理，可以有效避免违规电器的使用，保障宿舍电力系统供应稳定、安全，保障学生人身安全。最后，高职学生每天出入宿舍的次数非常多，再加上其他同学的来往，必然会给宿舍卫生工作带来一定的挑战，加强学生宿舍管理，可以更好地规范每一位学生的行为举止，使其爱护好宿舍，维护宿舍环境，进而营造一个健康、卫生、安全的宿舍环境。

二、"互联网+"下高职学生宿舍管理系统分析

高职学生宿舍管理涉及学生的学习、生活、安全、卫生等多个方面。在传统管理系统中，学生宿舍管理工作需要投入大量的人力和物力，所取得的效果也不尽如人意。在"互联网+"时代，信息化管理手段开始走进校园，为智能校园的构建提供了技术支持。以信息化技术为载体，高职可以构建统一、完善的宿舍管理系统，对学生宿舍进行智能化管理，更好地服务学生。

（一）学生宿舍信息管理系统

高职学生数量比较多，一栋宿舍楼会住几百人，甚至几千人，并且这些学生来自不同的院系、专业，这给学生宿舍管理增加了一定的难度。借助计算机信息化技术，高职可以制定学生宿舍信息管理系统，包括宿舍分布总览、学院分布、学历分布、年级分布、班级

分布、床位统计、房间统计、入住人员统计和查询、新生入学安排、毕业生离校宿舍的管理、假期留宿等。基于信息化管理系统，高职学生宿舍管理人员只需要在系统窗口输入关键词，就可以查找到相应的信息，从而方便安排和管理宿舍。

（二）学生宿舍检查系统

高职学生宿舍的标配有床、椅子、风扇、饮水机、衣柜、书桌等，这些都是学校的财产，需要定期检查。以往，学校在检查这些物件时都是靠人力，而且是在学生离校后或没有人时才进行检查。在这种情况下，会出现物件损坏而找不到负责人的现象。在"互联网+"背景下，学校可以构建学生宿舍检查系统，定期对学生宿舍的设备、设施进行检查，由检查人员将相关项目记录到信息系统中，实时登记。

（三）学生宿舍报修系统

高职学生宿舍里的设施、设备随着时间的推移和使用次数的增多，会出现性能退化、功能下降等问题，此时需要对这些设施、设备进行维修和更换。在"互联网+"背景下，学校可以构建报修系统，通过网络渠道实现需维修系统的录入、查询和统计。如当床出现零件脱落时，学生可以直接登录宿舍报修系统，将宿舍内设施损坏情况录入系统并登记宿舍楼号，报修人员可直接按照报修系统的信息进行报修。同样，学校可在报修系统中留下维修人员的联系方式、报修项目等相关信息，以便学生及时与维修人员进行沟通。

（四）学生宿舍安全管理系统

在高职学生宿舍管理中，安全管理是一项重要的工作。学生宿舍中存在诸多安全隐患，如学生违规使用电器，会增加电路负荷，进而引发短路，严重的还会引起电火灾，一旦发生火灾，就会造成无法估量的损害。在"互联网+"背景下，学校可以利用计算机信息化技术，构建完善的学生宿舍安全信息管理系统，对宿舍安全进行自动化控制。当宿舍存在安全隐患时，自动化系统可以发出警报，从而引起管理人员的注意，避免安全事故的发生。同时，可以在安全管理系统中引入继电保护装置，在发生短路时就可以二次保护电路，保障宿舍供电正常。另外，借助计算机信息化技术，高职可以在学生宿舍构建门禁系统可监控系统，对所有进出宿舍的人给予一个身份，输入相应的身份就可以进出；对所有进出宿舍的人员进行监控，避免可疑人员进入宿舍。

（五）学生宿舍卫生管理系统

卫生管理是高职学生宿舍管理的重中之重，如果卫生管理不到位，就很可能引发各种疾病，威胁学生的生命健康。宿舍是一个群居地，学生宿舍卫生不仅包括学生宿舍内的卫生，还包括宿舍楼道、楼梯等处的卫生。学生每天都会生产许多垃圾，有的学生会随手丢垃圾，导致宿舍卫生不堪入目。一个干净、整洁的宿舍可以让学生保持心情舒畅，安心学习和休息。学校可以借助计算机信息化技术，构建统一的学生宿舍卫生管理系统。该系统可以对宿舍卫生进行综合评比，对宿舍卫生进行评分。当宿舍评分没有达到系统标准分时，意味着宿舍卫生不过关，从而提醒居住在该宿舍的人进行卫生整顿。

（六）学生宿舍缴费管理系统

我国高职学生需要支付一定的住宿费，且在住宿期间产生的水、电等费用需要学生自己承担。以往，学生需要自己排队去缴水电费，一旦学生宿舍欠费，就会停水、停电，影响学生的日常生活。在"互联网＋"背景下，信息化管理系统逐渐走进校园，为学生宿舍缴费管理提供了巨大便利。高职可以借助计算机信息化技术，构建水电系统、住宿系统，水电系统主要计算每个寝室的水电费，住宿系统主要计算每个学生的住宿费。以计算机技术为载体，学生只需要登录相应的信息系统，就可以完成相关的操作。另外，当学生的账户余额不足时，管理中心可以向学生推广信息服务，提醒学生及时缴费，从而减少不必要的麻烦。

（七）学生宿舍服务管理系统

宿舍不仅是学生居住的地方，同时也是他们学习的地方。然而，许多高职宿舍只有居住功能，却没有学习等功能。对于学生而言，他们的日常需求会不断增加，而要想让其安心学习，学校应尽可能地服务于学生，解决学生所面临的问题。随着互联网的普及，互联网的优越性逐渐显现出来，互联网已成为当代大学生日常生活中不可或缺的一部分。学校要认识到互联网的作用，善于利用互联网来完善学生宿舍管理系统。高职可以借助计算机信息化技术，拓展宿舍服务功能，将宿舍管理与图书管理、学籍管理、学生事务管理、学校保卫系统、膳食管理、医保、组织人事管理、后勤报修等进行整合，形成统一的信息化服务中心，从而更好地满足学生的需求。同时，高职还可以在宿舍管理系统中开设二十四小时智能服务窗口，为学生提供相关服务。

（八）学生宿舍奖惩管理系统

学生宿舍管理不仅是学校的责任，同时也需要学生的积极配合。为了使学生积极参与到宿舍管理工作中来，学校有必要建立合理的奖惩管理系统。奖励管理主要记录学生的获奖情况，并把获奖情况添加到学生的个人信息库中，如学生做了好人好事、宿舍卫生先进者奖励等；惩罚管理主要记录学生的违纪情况，如夜不归宿、破坏宿舍财产、打架斗殴等。

（九）学生宿舍反馈系统

学生宿舍反馈系统主要是将学生在宿舍的表现及宿舍情况及时反馈给高职宿舍管理人员、系部相关教师，以便他们及时了解学生的情况，有针对性地解决问题。一方面，借助计算机信息化技术，高职可以开通校园网站，通过微博、微信等网络媒体，及时收集学生对宿舍工作的意见和建议，进而方便管理者制定科学的突发事件应对策略；另一方面，开设信件箱，鼓励学生举荐和举报宿舍内的情况，方便管理者全面了解宿舍具体情况，进而有针对性地进行管理。

综上，在"互联网+"时代下，互联网与高职教育管理的融合已成为必然趋势。在这种趋势下，学校要积极推进数字化、智能化、信息化建设，借助计算机网络技术来推进学校管理工作的开展。学生宿舍管理是一项重要的工作，基于"互联网+"发展形势，高职要积极构建健全的学生宿舍信息管理系统。宿舍管理系统要涉及学生的方方面面，从而更好地服务学生，提高宿舍管理水平。

第六节　互联网时代下高职学生党员的教育管理

开创高职学生党员教育管理工作的新局面，不仅是高职立德树人的内在要求，同时也是高职思想政治教育工作的重要内容。在"互联网+"广泛应用的背景下，如何做好高职学生党员的教育管理工作成为高职党建工作的重心。本节将从"互联网+"背景下高职学生党员管理面临的挑战出发，分析当前高职学生党员教育管理工作中存在的问题，最后提出"互联网+"时代高职学生党员教育管理的创新途径，旨在开创学生党建工作的新道路。

高职学生是一个特殊的群体，是高职培养的具有专业知识的高级人才，是民族的希望和国家的未来。在大学生群体中有一批优秀的党员学生，他们渴望在学习求知中成才，并且为社会发展做出贡献。但是，在"互联网+"背景下，各种信息资源得以快速传播，而学生党员的年龄小、社会阅历浅，很容易受到各种不良信息的误导，从而导致部分学生党员的政治立场和思想信念产生了动摇，个别人甚至出现了价值扭曲。因此，在"互联网+"背景下做好学生党员的教育管理工作，对于增强高职思想政治教育的时效性和让学生党员起到模范带头作用具有重要的现实意义。

一、"互联网+"时代下高职学生党员教育管理面临的挑战

（一）互联网的开放特性冲击着高职学生党员的价值观念

在"互联网+"的大背景下，高职学生党员的教育与管理面临着极大的挑战。互联网在为青年学生党员的教育与管理提供便利的同时也为各种不良信息的传播提供了便利，青年学生党员在通过网络获取学习资料时难免接触到一些不良的信息。甚至一些不法分子利用网络散播反动思想，对党和国家进行恶意诋毁，影响青年学生的价值观。青年学生的价值观念正处于形成阶段，政治经验尚浅，容易受到外部思想的蒙蔽，在大量不良网络信息的冲击下，高职青年学生党员的价值塑造面临着巨大挑战，所以高职必须加强对青年学生党员的价值观念的引导与教育，帮助其坚定政治立场。

（二）网络技术发展倒逼高职党建工作的创新

创新是高职学生党建工作亘古不变的主题，"互联网＋"为高职学生党建工作提供了创新的载体。当前很多高职都开设了党员自主学习平台和红色宣传网站，取得了不错的成效。在"互联网＋"背景下，教育者对互联网技术的掌握和运用程度决定了学生党员受教育的成效。受年龄和知识结构的限制，不少党务工作者的信息技术水平仍停留在简单的电脑办公上，对通过"互联网＋"开展学生党建工作还显得能力不足。高职学生是新媒体的庞大用户，这就对高职党务工作者的业务水平提出了更高要求，迫使教育工作者转变教育理念，不断更新个人知识结构和掌握新媒体技术，从而通过新媒体就学生党员关心的问题进行专项教育活动，从而让党建活动更加"接地气"。

二、当前高职学生党员教育管理工作存在的问题

（一）学生党员教育缺乏创新，形式比较单一

我国高职目前对学生党员的教育主要为理论结合实践的形式。一方面，理论学习主要以学习文件精神、听讲座报告、座谈讨论等为主，理论剖析流于表面，过于苍白，缺乏针对性的深入指导，缺乏吸引力；另一方面，党建教育工作者不能充分考虑当代青年学生党员的年龄、思想、心理特征和实际需求，青年学生党员很难深刻理解理论教学的重要意义，多处于被动学习和应付学习的状态，学习积极性普遍不高，教育效果很难有实质性进展。高职学生党员教育过程中的社会实践相对于理论学习尽管形式多样，内容也相对丰富，对青年学生党员具有提升综合素质的优势，但在党建工作社会实践过程中，往往由于学生党员能力的差异导致其无法结合自身特点很好地发挥优势，综合能力不能得到实质性的提升。

（二）毕业生党员教育不到位，责任分工不明确

高职青年学生在大四阶段的主要任务是论文与实习，多数时间都在校外，不能及时进行党员学习教育，而且很容易忽略理论学习和党组活动，导致处于毕业阶段的学生党员相关意识有所下降，高职毕业生党员教育管理工作的开展困难重重。当前高职青年学生党建教育的主要实施主体是辅导员和院系的党总支部书记，负责青年学生学习生活、就业指导、心理引导等日常事务，而其中辅导员并非专职党建工作者，繁杂的日常工作消耗大量的精力，难以保证青年学生党员的教学质量。负责各项事务的书记也没有更多的时间和精力为学生党员开展足够的理论教育。由此形成了"闲时都重要，忙时全不要"的无责任主体的格局，导致处于毕业阶段的青年学生党员教育严重缺失。

三、"互联网＋"时代下高职学生党员教育管理的创新途径

首先，转变高职党建工作思想，加强高职党建工作线上与线下的整合。在"互联网＋"

背景下，高职党建工作者在工作过程中要转变工作观念，践行"互联网+"思维，整合线上与线下资源，以建立优势互补的互联网党建工作模式。高职可以利用微信、微博等网络平台为高职青年学生党员开设"在线论坛"，同时结合线下社会实践，积极探索与拓展高职党建工作线上与线下整合机制，积极发挥学生党员与党建工作者的模范表率作用，将线下教学与线上课堂相互融合，将党建工作者与专业课教师紧密结合，建立高职党建工作的创新模式，更好地对高职青年学生党员进行教育与管理。

其次，建立高职青年学生党员教育平台，充分利用互联网开展学生党员的教育工作。在互联网高速发展的时代背景下，高职青年学生具有开放的思想观念，更易于接受新潮的交流方式。高职党建工作的主要对象是当代青年学生党员，他们的思维观念受网络的影响较深。基于此，高职在对青年学生党员进行教育工作的过程中可以充分利用互联网载体开展党建工作，建立论坛、微信平台、QQ群等，以增加青年学生党员与教师党员之间的互动，有利于提高党员教育工作的时效性。高职还可以建立校内党建网站，及时更新与党建相关的学习内容，为青年学生党员提供高质量的学习资源，从正面激励青年学生党员，提升高职青年学生党员教育工作的活力，为青年学生党员营造先进、生动、活跃的学习氛围。

最后，"互联网+"时代下高职学生党员教育管理工作是对传统党员教育管理工作的有效延伸与拓展。高职党建教育工作的开展离不开党组织的正确领导，更离不开教育思路的革新与方法的创新。互联网在引入高职学生党员和教育管理工作的过程中面临着巨大的挑战，但实际上这只是教育的外在表现形式和载体，并不能直接决定高职青年学生党员教育管理工作的效果和质量。

第七节　互联网时代下高职学生档案信息管理

随着国家"互联网+"战略的推进，高职大力实施数字化校园工程，高职学生档案进行数字化管理指日可待。高职应改变现有的传统手工管理模式，基于高职大数据平台、OA系统，构建高职学生档案信息管理系统平台，整合校园内学生档案数字化资源，实行校内多部门、多系统间的学生档案信息交互共享和基于校园网的学生档案的收、管、存、用，以信息化管理适应"互联网+"背景下的档案管理新要求势在必行。本节给出了系统构建的基本原理、工作流程、功能模块等基本方案。

在"互联网+"时代，随着计算机技术的发展，互联网、信息技术、数字化将引领时代潮流。在"互联网+"背景下，利用新的信息技术，采用"互联网+档案管理"的模式，不断进行高职学生档案传统管理模式的信息化升级，将为数字化校园建设和打造智慧校园服务添加新助力。许多高职档案馆主动适应大趋势，根据自身情况，不断探索创新，推进学生档案电子化、信息化，构建基于互联网的学生档案信息管理系统平台，实现更高效的管理，提供了更便利的服务。

一、高职学生档案管理现状

高职学生档案是学生人事档案的重要组成部分，具有来源多样、数量较大、流动性强的特点，对其进行管理的基本信息都是由高职其他部门产生的，如学生录取、学籍异动、就业去向等，对外源信息的依赖性、交互性也较强。学生档案处于人事档案的前期形态，国家档案、人事、教育部门都缺少规范管理的制度与技术标准文件，所以高职建立的高职学生档案管理模式也是千差万别。基于此，高职学生档案管理的现代化推进速度很慢，绝大多数高职仍处于传统纸质档案材料的人为收、管、存、用阶段，只是在学生毕业后档案转递去向信息管理与查询方面利用了网络技术，管理效率较低，每个学生的档案材料难以实现细化的目录管理，查询利用不便。而高职数字校园建设近年来高速发展，网上招录、报到、教育、学籍管理及学生风格化管理等平台的建立，使现有的学生档案管理模式越来越不能满足现代发展的需要。

二、建设高职学生档案信息管理系统的必要性和可行性

（一）建设的必要性

以学生为本，服务于学生的成长与发展，是高职学生档案工作的重心。为满足网络技术发展和学生档案远程服务便捷高效的需要，改变传统学生档案管理模式、实现学生档案的信息化管理，是高职学生档案管理提高服务民生能力的必然途径。

信息化建设的大环境，使学生档案由单纯的纸质档案转化为纸质与电子档案共生，并且原生电子档案的种类与数量不断增多，如部分省份高考招录档案电子化、部分高职新生报到注册信息的电子化等。

为适应用人单位对高职毕业生素质与能力考核全面性要求，高职应将学生参加各种技能竞赛、各种奖项、社会实习实践、创新创业情况等材料纳入归档范围。这样做虽然丰富了档案内容，但增加了档案人员的工作量与工作难度。

高职学生档案材料从形成特性上来看多为孤本，一旦遗失便无法查证、弥补。从服务民生角度出发，部分高职开始建立学生登记表、毕业生登记表等材料的双份归档制度。但是这样做，一是不能从根本上解决重要材料全部备份的问题；二是极大地增加了整理、保管的工作量，由此可见，这不是最佳解决方案。因此，建设高职学生档案信息管理系统是实现学生管理过程中电子档案采集、存储、管理和纸质档案的数字化管理的最好方式，是解决孤本重要档案材料存储备查和新纳入归档范围材料有效收集的最佳途径。高职建设学生档案信息管理系统，是在"互联网+"背景下提高管理工作效率、丰富档案信息资源、提供便捷档案服务的必要举措。

（二）建设的可行性

高职数字校园建设如火如荼，覆盖全校的校园网、集各种校务管理功能于一体的 OA 系统、集中全校各类数据共享共用的数据中心，以及根据各项工作管理需要搭建的各种教务、学工、招生、就业等信息管理系统，使高职建成了良好的信息化管理软硬件平台和信息化氛围，这些都为建立学生档案信息管理系统提供了根本保障。建设高职学生档案信息管理系统，依托于校园网大数据平台，可以便利地实现与招生、就业、学籍管理、学生管理系统间的数据交换和共享，能够实时从上一工作环节系统采集、更新学生信息，提高职内部门间学生档案管理相关信息的交互共享度，以及学生档案管理过程中信息更新与发布的及时性、准确性。

三、高职学生档案信息管理系统的构建

（一）系统构建的基本原则

作为基于校园网 OA 系统平台的信息管理系统，高职学生档案信息管理系统构建应遵循经济、实用的原则，重点考虑先进性、安全性、灵活性和开放性。系统建设应采用先进、成熟的信息采集、处理、存储、管理、发布、安全技术、数据库技术等作为软件集成环境，以符合各类档案工作标准的数据格式、网络协议、传输介质、通信方式和接口等为基础，采用浏览器和服务器结构（Browser/Server 结构）、多层体系结构，模块化结构设计，注重可移植性与接口规划，建立安全、有效、统一、细致的系统权限管理、身份认证和审核机制，保证标准、通用、安全、易使用和易维护的特点。

（二）系统建设总体框架

基于网络化的信息管理系统采用浏览器和服务器结构，以 J2EE 为开发框架，是建立在高职校园网环境下多层体系结构的信息服务模式，目的是实现学生档案信息的收、管、存、用功能。为在降低系统建设风险的同时尽可能提升系统性能和稳定性，系统采用基础设施服务层（IaaS）、数据服务层（DaaS）、平台服务层（PaaS）和应用服务层（SaaS）的模型设计。

基础设施服务层是对系统建设的一个底层设计，主要包括对系统运行的网络平台、软硬件环境、网络协议、标准规范、安全体系进行设计与定义。

数据服务层，即数据库，可采用 Oracle 数据库、SQL Server 数据库，用于构建学生档案目录信息数据库、学生档案转递信息数据库、学生档案全文信息数据库（含电子档案数据库）用户利用信息数据库等。

平台服务层主要是以 Web Service 方式提供的学生档案信息管理、业务流程管理、系统管理等应用功能与服务，包括系统基础组件平台、系统管理平台、报表平台、EEP 封装平台、信息发布平台等平台，以及格式转换服务、OCR 识别服务、三性保证服务、全文检索服务、电子文件封装服务、流媒体服务等应用服务，以及档案信息登删改、采集与整理、鉴定与统计等业务功能。

应用服务层主要区分面向高职领导、教职工、学院各单位和社会公众，区分学生档案管理部门内部局域网、校园网、互联网不同的网络环境，有针对性地构建学生档案管理与利用平台，提供档案信息管理与查询利用服务。学生档案管理部门内部全部系统功能模块和档案数据资源总库，是全校学生档案信息资源的采集、汇总、加工、管理中心和集中地。

（三）系统工作流程设计

学生档案信息管理系统的总体目标是通过学生档案信息化管理，调节高职学生档案工作与社会利用者、学校其他部门、在校学生、毕业生之间的交互关系，核心是更全面、丰富地收集、保存档案信息，为不同用户提供便捷档案信息服务。

（四）系统主要功能模块设计

系统的主要功能是学生档案信息收、管、存、用，是功能模块的主体。

（五）数据采集功能模块

此功能模块实现了高职档案部门对校内其他单位形成的学生档案电子数据的采集与归档，即完成系统"收"的功能，是外部数据集约管理与共享的主要功能模块，可分为两大部分，一是学生信息采集模块，开发与学校 OA 系统数据中心相衔接的接口，形成跨平台访问不同数据源的机制，解决系统与其他部门信息系统的资源共享问题，支持对教务、学工、招生、就业、后勤等管理系统内学生基本信息数据的关键词查找，或相关异构数据库的导入，以及 OA 系统内原生学生电子档案的主动采集归档。这些电子文件包括教务部门的学生学籍异动、学习成绩、学历信息，团委的学生科技文化获奖信息，招生与就业管理部门的新生录取、报道与毕业生派遣信息，学工部门的学生奖惩信息，财务部门的学生学费缴纳信息，党委组织部门的学生党员发展信息，医院的学生体检信息等。二是学生数字化档案采集模块，主要是实现对重要孤本档案材料数字化电子文件的收集、归档，包括校内学生档案形成部门基于 Web 浏览器的档案条目著录（登、删、改）功能，数字化扫描电子文件上传、自动检测，以及学生档案管理部门信息审核、自动转档功能。

（六）数据管理功能模块

数据管用功能模块是系统的核心模块，主要对高职档案部门所保存的学生档案信息进行数字化转化与数据处理，实现系统"管、存"功能。一个是"管"的功能实现，对高职学生档案从录取转递进校、在校新增、毕业转递离校进行全过程的管理。另一个是"存"的功能实现，包括数据备份与恢复、数据导入与导出、数据打包与封装等。

（七）信息查询利用功能模块

这是系统发布信息，实现学生档案信息"用"的功能模块。该模块通过构建学生档案信息检索条件，建立多条件组合全模糊检索模式，实现学生姓名、专业、学号、身份证号等组合条件查询，在线查询学生基本信息、学生档案保存状态、学生档案转递去向信息、学生档案目录信息、学生档案信息。为保障数据的安全、便捷检索利用，这一模块应包括利用者在线身份认证功能，在线查阅预约、登记、审批功能，在线查阅数量统计功能，毕业生档案转递数据发布功能，在线查阅档案信息转出审计及全文信息在线阅览插件等等；并根据系统应用服务层的设计，区分局域网、校园网、互联网，部署不同的使用权限和不同的数据库数据，局域网与校园网、互联网物理隔离，校园网与互联网逻辑隔离，使不同类型的用户均可通过互联网终端设备，依据分配的权限方便、快捷地调阅相应的学生档案资料。

（八）安全管理功能模块

学生档案信息虽非涉密信息，但属于涉及个人隐私的非公开信息，系统与数据的安全是系统运行的基础，安全管理功能模块必不可少，主要包括权限管理、系统日志。权限管理可细分为系统管理员、数据管理员、档案部门内分类数据著录操作员、档案部门外分类数据著录操作员、信息利用者等不同角色，设置不同的系统使用权限，对于任何角色的系统操作行为均进行日志记录。

（九）辅助功能模块

辅助功能模块主要包括辅助系统模块功能实现的系统设置、自定义字典等功能，以及电子文件检测、格式自动转换、文件在线浏览等功能。

"互联网＋档案"已经成为档案工作发展的必然趋势。构建基于互联网的高职学生档案信息管理系统，既能推动高职学生档案管理改革进程，又能实现学生档案信息资源的共享，不仅为档案利用者提供了极大的便捷，同时也更能发挥出档案的真正价值。当然，采用互联网新技术对学生档案进行管理也还面临诸多问题，如高职信息化建设水平、数据标准化建设程度、档案信息安全保护、工作人员信息化技能水平等。学生档案管理关系高职千万学生的切身利益，不容出现丝毫的差错。因此，高职应结合自身实际情况，既要充分利用先进的互联网技术进行创新，也要分步骤稳步推进对传统学生档案管理模式的改革，抓好现阶段纸质档案信息的科学化管理，为信息管理系统建设打下坚实的基础。相信只要实现信息管理和手工管理的有效融合，就能真正实现高职学生档案管理工作的信息化和现代化。

第八节 互联网时代下服务型高职学生管理

我国教育领域内的综合体制改革正在紧锣密鼓进行中，高职学生管理作为其中的重要组成部分，其各方面的管理活动都因缺乏"互联网＋"背景下的服务型高职学生管理平台而陷入瓶颈中，并显现出学生管理部门间信息共享不畅、因缺乏平台导致的管理效率低下与依靠第三方通信软件信息传送而使功能受限等方面的困境。高职应通过拓展网络和数字化服务功能、开设基于互联网技术的学生管理平台、构建基于"事件驱动"的服务型高职学生管理质量保障机制等方式，形成集信息发布与共享、管理服务和校园文化生活服务于一体的完善的数字化平台，实现管理职能从管制型管理向服务型管理的转变、管理方式从物本管理向人本管理的转变。

高职学生管理工作是高职管理的重要组成部分。网络时代的到来与信息技术的崛起，使传统的高职学生管理工作无法适应"人本管理"的需要，即服务型高职管理理念下学生自身发展的需要。教育部发布的《教育信息化十年发展规划（2011—2020年）》中明确指出："大力推进普通高职数字校园建设，建设完善的信息发布、网络教学、知识共享、管理服务和校园文化生活服务等数字化平台，推进系统整合与数据共享。"，"互联网＋"是信息化思维的深度实践成果，代表着先进生产力的发展方向，推动着经济形态不断地发生改变。在此背景下，建构"互联网＋"服务型高职学生管理信息平台，是大数据时代与服务型高职建设理念对学生管理工作提出的要求，也是高职积极面对新形势下学生管理工作挑战的有效策略。

一、建设"事件驱动"型学生管理平台的意义

目前，中国教育改革已经进入一个新的阶段——综合治理改革阶段，高职学生管理领域也不例外。这对建立现代教育治理体系、完善学校内部治理结构是必要且紧迫的。高职进行学生管理，要实现"育人为本"的教育管理职能，必须改变管理观念、变更管理方式，寻求学生教育管理目标与学生管理工具的统一。而要寻求此种统一，必须明确高职学生教育管理的目标、基础和工具。

（一）服务型管理是高职要实现的目标

"服务型高职"是从"服务型政府"概念演化而来的，与"管制型高职"相对。管制型高职通常以自身控制与管理的便捷性为出发点，管理的顶层设计者在学生管理中起主导作用；为教师和学生提供何种服务与怎样提供服务，都是高职管理者强制性和一厢情愿的做法，而不考虑学生的愿望和多样化需求；高职管理者与学生是一种"命令—服从"式的关系，学生只能听从于管理者的意愿。而服务型高职就是为学生服务的高职，把为学生服

务作为高职存在与发展的宗旨，在"人本管理"的理念指导下运行。

就我国现有高职学生管理制度的运行方式来看，主要是通过纵向的条线管理实现的，缺乏多维度、多层面的有效互动。这种管理运行方式的突出特征是学生管理者"自上而下"地命令、指挥、调度、控制被管理者，使学生服从和接收任务。高职学生管理人员一直充当高高在上的"指挥官"角色，不利于发挥学生管理工作的服务职能，体现不出其促进学生成长的价值。从人性出发来分析高职学生管理问题，以人性为中心的"管理育人"理念在高职学生管理中匮乏是产生问题的主要根源。而"管理育人"是高等教育管理与其他社会组织管理的主要区别之一，因此高职学生管理工作要体现出"育人为本"的核心理念就要改变管理方式，由"物本管理"理念转变到以"人本管理"为目标的服务型学生管理上。

（二）"互联网＋"是实现学生管理职能的基础

"互联网＋"是互联网思维进一步实践的成果，代表着先进的生产力，推动经济形态不断演变。通俗地说，"互联网＋"就是"互联网＋各个传统行业"，是利用信息通信技术及互联网平台让互联网与传统行业进行深度融合，以创造新的发展生态。

目前，我国高职学生管理以物本管理即制度化管理（也称硬管理）为主，以事务性管理的要求为出发点，强调对学生的控制，用"一刀切"的标准要求学生。这种管理拘囿于事务管理，缺乏对学生个性化需求的关怀，忽略了对学生的个性、积极性与创造性的培养；缺乏把学生视为高职最重要的资源意识，以学生的能力、特长、兴趣、心理状况等综合情况来科学地提供最合适的服务与管理的理念，未能在管理过程中充分地实施"人本管理"。

（三）"事件驱动"型管理平台是高职实现服务型学生管理的必要工具

"事件驱动"是连续性事务管理的一种战略决策，即为了防止事务堆积而及时跟随当前时间点发生的事件，并调动可用资源，用最短的时间解决不断出现的问题。这种策略在计算机编程、政府公共管理、市场经济等领域均得到应用。信息化时代中的"事件"是以计算机系统能对信息进行自动处理筛选为标准的，系统能自动处理且筛选的为"常规事件"，反之则为"意外事件"。

"事件驱动"反映实时思维的观念完全可以成为提升高职学生教育管理水平的一种新思路。换言之，高职要实现自身向服务型高职的转变，基于"事件驱动"是基础。不基于"事件驱动"而照旧依据"部门驱动"，则学生教育管理工作仍会停留在拖沓散漫的状态。因此，高职学生管理当中的"事件驱动"是为防止学生管理事务堆积，提高学生管理工作效率，及时追踪当前时间点发生的事件，利用一切可调动的资源，加快高职管理过程中的整体性、即时性、活跃性信息的传递，在高职系统内即时报告重要事件，使师生、行政人员自上而下迅速回应，用最短的时间解决学生学习与生活中不断出现的问题。

亚马逊网、当当网可以显示浏览了一本书籍的人还浏览了其他什么书籍，并能根据消费者搜索书籍的记录给搜索者推荐其感兴趣的书籍；而谷歌、百度可以根据搜索记录把用户最想看到的内容排在网页的最前面。这些网站和搜索引擎可以比消费者、搜索者自身还了解其自身的喜好，原因在于一个大规模生产、分享和应用数据的时代正在开启。以大数据为单位，以云计算为基础的信息存储、分享和挖掘手段可以便利、有效地将这些大量、高速、多变化的终端数据存储下来，并随时进行分析与计算。这给高职学生的学习和生活带来颠覆性的变化。随着移动互联网的兴起和智能手机、iPad 等移动终端设备的普及，高职学生逐渐习惯了通过应用客户端上网的方式获取各类信息和知识。这同样给高职的学生管理工作带来了挑战和机遇。在高等教育大众化背景下，大多数高职学生和辅导员配比失衡，学生管理工作出现了"活多，辅导员少"的局面。简单而耗费人力的"人人交互"式的学生管理模式已不能满足大数据与云计算时代对学生管理提出的"人机交互"的要求。大数据给教育带来的重要变化在于它使教育管理和服务更加个性化。2009 年，美国科罗拉多州教育当局开始实施"教育信息系统计划"（Relevant Information to Strenthen Education，RISE），收集学生、教师和学校的所有信息，以帮助学校改进教学，提高学生获得学业成功的机会。我国高职学生管理必须适应大数据时代的要求，通过网络平台实现学生与网络信息的协同管理。

综上所述，服务型管理是高职学生管理要实现的目标，"互联网 +"是高职实现学生管理职能的基础，学生管理信息平台是大数据时代服务型高职学生管理的必要工具。这三者相辅相成、相互协同以发挥作用。只有构建起"互联网 +"背景下的服务型高职学生管理平台，高职"服务育人"的理念才能真正实现。

二、"互联网 +"平台缺失下的学生管理困境

（一）学生管理部门间信息共享不畅

高职的学生管理工作包括招生管理、教务管理、舍务管理、学团活动管理、实习与就业管理、后勤服务管理、医疗健康管理、社会实践管理等，从学生入学伊始到学生毕业，贯穿学生学习生活的全过程。与这些管理活动相关的部门的日常工作会产生大量结构性与非结构性数据，以文件夹或文档的形式储存。随着时间的推移，这些数据会成为信息孤岛，不利于教职员工与学生进行查询与利用。

目前，国内外很多高职学生管理工作开始试行网络平台管理，但大部分高职依托网络建立起的学生管理平台仅局限于学生信息管理系统中的某一子系统，如牛津大学课程管理系统、宾州州立大学的文件共享系统、清华大学的综合教务系统等。各类子系统的功能都较单一且独立运行，信息的格式、输出方式缺乏统一性。很少有高职能从整体出发，根据学生管理的逻辑设计出跨部门的系统。因没有能将各子系统内信息统一汇聚的学生管理平台，我国各高职学生管理部门间信息共享与流通不畅的现象日趋严重。

（二）学生管理工作效率低下

当前，我国高职学生管理工作者中以学生辅导员的工作最为繁杂，以对每届不同学生重复分发与传达信息工作为最。以一份学生就业信息统计表为例，每年高职实习就业处要在相应时间将表格分发给各个承担人才培养任务的二级学院学生辅导员，辅导员再将信息分发给应届毕业生。类似的单一性工作每年都要重复。学生遇到任何问题时，必须依托辅导员与其他学生管理部门联系后方能得以解决。因此，学生辅导员与各学生管理部门的工作呈现出虚假繁忙的景象，实则是因缺乏学生管理平台而导致的管理效率低下。北京大学校内信息门户的应用系统包括选课、教学、学生管理、人事、办公、短信平台、财务、党校培训等内容。基于这种信息门户，辅导员的角色完全可以由计算机网络取代，进而实现学生意愿与管理诉求的及时表达、解决。

（三）依靠第三方通信软件的信息传送功能受限

大多数高职学生管理都由辅导员依托腾讯 QQ 群、微信群等第三方移动通信和社交软件，通过邮件和社交软件的附件完成对学生与各学生管理部门之间的上传下达工作。这种依托第三方通信软件的信息传达，一方面受辅导员所属二级学院的限制，各群落范围只能局限于某个学院的某一班级或某一专业的学生，信息传递功能受限；另一方面通过邮件和社交软件传送的文件在大小和上传速度上受第三方通信软件的限制影响因素较多。各管理部门与辅导员仅仅依托此方式传递信息，既加大了工作量，又阻碍了学生与学生管理部门之间的直接沟通。辅导员和学生管理部门人员中只要任何一方有疏忽或怠慢，就很可能人为地错过学生或学生家长需要及时处理的数据请求，进而推迟学生管理工作的进度。

高职学生管理的相关部门、学生辅导员与学生三者间缺乏一个能够会聚全校师生的信息共享与沟通的平台，亦或说，高职中的各项学生管理活动都因缺乏学生管理平台而陷入瓶颈。

三、"互联网+"学生管理平台的建设策略

高职学生管理部门间信息共享不及时、学生管理人员因未有共享平台而管理效率低下、依靠第三方通信软件的信息传送功能受限等方面的问题，可以通过构建基于"事件驱动"的服务型高职学生管理平台得到有效解决。高职学生管理平台可以有多种形式，但构建基于"事件驱动"的服务型高职学生管理平台是在数字化校园基础上构建的集信息发布与共享、管理服务和校园文化生活服务等内容为一体的数字化平台，能够快速、有效地解决高职在学生管理过程中遇到的"常规事件"与"意外事件"。这样的平台能使高职学生管理常规工作更有效率，学生遇到问题时能在更短的时间内得到有效解决。

（一）拓展高职的网络和数字化服务功能

当前，网络和数字化校园的建设水平已不仅是衡量一所学校管理服务水平的基本条件，更是高职管理服务现代化的标志。数字化校园服务以校园内全体师生的物质生活和教学、科研、管理服务活动为基础，但与传统的服务方式相比，在内容的丰富程度与功能的可拓展方面都具有无可比拟的优越性。以移动电话和互联网的校园应用系统为例，群发群收的功能突破了传统依托第三方通信软件发送消息的服务对象面狭窄的局限，现代服务手段时间与空间壁垒的消除将高职学生管理服务的效率提高到了前所未有的高度。此外，大数据背景下的网络和数字化服务可以通过学生的搜索数据及时了解学生的个性化要求，避免强制性服务，形成了有效的双向沟通渠道。

通过扩展校园网络和数字化服务的功能，实现了"信息发布、网络教学、知识共享、管理服务和校园文化生活服务"的有效汇聚，推进了系统的整合和数据的共享，尤其有利于"常规事件"的快速、有效解决。例如，学校在某领域获得重大成果、进行学校形象的美誉性传播、表彰先进人物时，可通过拓展后的数字化服务予以及时、有效的推广、传播。高职拓展网络和数字化服务功能对内可以起到振奋人心、鼓舞士气的作用，对外可以起到提升自身形象、开拓学生实习与就业市场等作用。当高职发生学生突发性冲突，或发生对高职的生存和发展具有威胁或潜在威胁事件时，数字化网络服务的快捷处理、实时性地公布结果等优势有利于驱动事态向良性方向发展。

（二）开设基于"事件驱动"的学生管理服务平台

在大数据时代背景下，仅有数据是不够的，能够对数据进行分析、利用和挖掘，表现多维数据之间的关联才是信息网络化的优势所在。对高职学生管理而言，如何在高职管理机构与教师、学生之间按需要分发和聚合感知信息，并基于高职环境的变化实时协同相关部门的服务或服务流程，使教师或学生遇到的事件或问题能在最短的时间内得到解决，是建构"事件驱动"服务型高职学生教育管理信息平台要解决的核心问题。因此，构建"事件驱动"服务型高职学生教育管理信息平台，就是指高职通过对学生管理系统职能的调整，促进自身实现从管制型管理向服务型管理转变，实现管理方式从物本管理向人本管理转变，鼓励并支持学生实行自我管理的过程。该平台能在拓展数字化服务的基础上，建立起相应的事件反应机制，以使学校能实时、迅捷地应对各类事件的发生。

笔者设计的基于"事件驱动"的学生教育管理平台板块操作步骤如下：第一步，学生通过网页或手机客户端登录学生管理平台，按照自身要解决的事件进行选择。例如，调课选课、实习就业、生活服务、申请奖助学金、证件信息、学团活动、缴退费、安全、公寓服务、饮食、心理健康等事件类型。第二步，进入相关问题列表板块。该板块中罗列了各类学生已咨询并得到解决的问题及解决策略，学生可以通过关键词搜索的方式寻找答案。若列表中没有学生要解决的事件答案，学生可简要叙述要解决的事件，系统会自动将学生要解决的事件分配给相关工作人员，学生等待处理结果。第三步，处理结果发布后，学生对此次事件的处理结果进行评价打分。另外，学生在选择事件板块时也可选择人工服务，通过人工客服将问题分配到相应部门处理。

（三）服务型高职学生管理平台质量保障机制的构建

要对学生管理平台服务构建有效的质量保障机制。被分配到各个部门的学生需要解决的问题，在工作时间范围内提交的，各部门必须在半小时内给予答复，并实时公布解决进度；对学生在节假日提交的问题，需要在假期结束后的第一个工作日给予答复。对于多次出现学生评价低的工作人员要进行相应的处罚，避免人为因素导致学生管理工作的迟滞现象。例如，渤海大学在教育体制综合改革中创新性地提出了学生教育管理的新模式，实行导师制，增加教学管理人员职位，成立了学生发展事务中心、大学生安全与生活服务中心两个一站式的服务机构，建立了"我要调寝"、"我要报修"、"我要申诉"、"离校备案"等基于"事件驱动"的学生管理板块。

结合"事件驱动"架构和"面向服务"架构的设计思想而建构的基于事件驱动的服务型高职学生教育管理平台集成了学生用户域、高职学生管理信息空间域和物理空间域，实现了"学生—计算机网络—管理信息"的动态协同，是高职实现高效率的服务型学生管理的大趋势。

第五章　互联网时代下高职学生管理模式

第一节　互联网时代下高职学生干部管理

当前，运用"互联网+"思维探索高职学生干部管理与培养的方法和模式创新，已成为顺应"大众创业、万众创新"新形势、顺应新时期人才培养标准的必然要求。笔者倡导的融通理念、创新思维、放管结合、多元培养构成了"互联网+"思维下高职学生干部管理和培养的立体化模式，为新时期"品质好、作风硬、能力强"的学生干部队伍建设提供新途径。

谈及"互联网+"，其含义就是利用互联网平台，利用信息通信技术，把互联网和包括传统行业在内的各行各业结合起来，在新的领域创造一种新的活力。同样，"互联网+"也是新时期引领高职教育改革的新思维、新方向，是加强学生干部队伍建设的有力工具。

科学合理地运用好"互联网+"，培养正确的互联网思维，是进一步改善学生干部的管理和培养，更加有力地做好高职学生工作的有效途径。

高职学生工作必不可少的重要组成部分是学生干部，同时学生干部承担着贯彻落实学校教育方针、政策的重要任务。当前，如何管理和培养学生干部成为高职学生工作的重要课题，对高职教师提出了新的挑战。学生干部的管理和培养，就是指如何用学生管理学生，属于学生工作中的组织工作。任彦申在《后知后觉》一书中说："组织工作，千头万绪，归根到底就是一句话：知人善任。知人善任，是领导者最大的政治智慧和领导才能"。

高职教师是学生干部管理和培养的组织者和践行者，面对"互联网+"时代背景下高职学生的成长特点和周围环境的变化，要想培养一支优秀的学生干部队伍，必须以互联网思维为基础，知人善任、用人所长。高职教师只有了解学生干部，关心他们、相信他们、支持他们，帮助他们提高，和他们一起成长，才能培养出个性鲜明、活泼开朗、创新创优的学生干部队伍，进而为学生工作顺利、高效地开展打造坚强的后盾。

一、"互联网+"思维下高职学生干部培养存在的问题

"年年岁岁花相似，岁岁年年人不同"。随着时代的发展，在"互联网+"时代，高职学生群体悄然发生着变化。学生干部的年轻化、多样化，一方面彰显了新时期学生干部的新特点，另一方面透露出当下学生干部管理和培养的不足。

（一）学生和管理者信息不对称，传递时效性差

"互联网＋"时代的显著特征是信息传播的即时性，学生干部的管理和培养与当下瞬息万变的信息密切相关。"互联网＋"的出现及其和高职教育的结合，打破了传统教育模式的时空限制。管理和培养信息传递的不及时性成为学生干部培养的重要障碍，学生干部和管理者之间的信息不对称阻碍了学生干部的进一步发展。

（二）管理制度不健全，培养观念固化

时代在发展，学生干部也在变化，尤其当下"90后""95后"已成为高职学生干部的主力军，传统管理方式将不再完全适合当下学生干部的管理和培养。特别是互联网的发展为高职的创新管理方式提出了新要求。传统规章的不健全、方式方法滞后等问题逐渐显现，以往单一化的管理和培养方式已不再适合新时代高职学生自我意识突出的特点，甚至在某种程度上压抑了学生干部的进一步成长。

（三）培养方式内容单调，缺乏多元化管理

"互联网＋"是信息爆炸的产物，丰富的网络信息资源可以为学生干部的培养提供了丰富的素材和多样化的思维，管理者可以通过互联网平台了解学生干部的思想状态。目前，学生干部的管理和培养方式单一、内容单调，资源丰富性和多样化还有待加强。

二、以互联网思维创新学生干部管理培养新途径

在"互联网＋"时代，学生干部的管理和培养要做到创新性和多元化相结合，借助互联网平台培养学生干部的互联网思维，用创新观念管理学生干部，以创新方式培养学生干部，做到选拔学生干部要知人、管理学生干部要善任、培养学生干部要多元。

（一）选拔方式多样化，做到知根知底

孙子兵法有"知己知彼，百战不殆"。做学生工作，要充分了解学生的情况，学生干部是联系管理者和学生的重要纽带和桥梁，更不可大意。选拔学生干部，首先要做到全面深入地了解学生的真实情况，尤其是学生的道德品质。

"兼听则明，偏信则暗。"高职学生管理人员在选拔学生干部时，一方面要自己去了解学生的情况；另一方面要通过多种渠道全面掌握学生干部的情况，包括同班级、同宿舍学生的反映，上课教师、辅导员和相关教师的意见和建议。只有全面了解学生，才能做到知人善任，才能让学生干部在以后工作中起到模范带头作用，才能让其他学生认可学生干部的工作。

（二）任用思维灵活化，做到"扬长避短"

"尺有所短，寸有所长。"，新时期的高职学生的身上充满着青春的朝气，他们的思维方式、处理事情的方法与以往高职学生有很大的不同，这就需要高职学生管理人员要紧跟时代潮流，及时掌握学生干部的最新动态。一是关注学生的特长，有的学生在音乐、舞蹈、绘画、体育方面有着坚实的基础；有的学生在中学时代参加过各种比赛，如演讲、手工操作等，进入大学后，如果他们有意向进入学生干部队伍，则可以将其安排在合适的岗位上，充分发挥他们的才能和特长，提升学生活动质量，丰富学生生活。二是应时而为、应势而为。学生在不断进步，高职学生管理人员也要及时发现学生的成长，针对学生不同阶段的表现和工作能力做出相应的调整；要及时发现学生的长处，并加以鼓励和赞扬；同时针对学生干部的不足，加以指正，在培养学生干部的同时，帮助学生提升自己。

（三）管理方法立体化，做到"放管结合"

"自我教育、自我管理、自我服务"是高职学生干部管理的基本原则。然而，在平时的工作中，高职学生管理人员面对刚刚高中毕业的学生，有时很难交出学生的主动权，特别是一些年轻的辅导员刚走出校园，他们的观念和身份还没有完全转变过来，不可避免会出现过度管理、束缚学生发展的情况。

"互联网＋"时代要求高职学生管理人员要有互联网思维，在学生干部管理中，要做到管理方法立体化，做到"放管结合"。

首先，放有信任。学生干部来源于学生，往往掌握着学生工作的第一手资料，只有使学生干部增强角色意识，引导学生干部树立责任意识、担当意识，才能充分发挥学生干部的主观能动性。高职学生管理人员应把一些主动权交给学生干部，让学生干部自行组织活动，开展学生工作，既体现了教师对学生的信任，又让学生干部有了更多的锻炼机会，有助于其快速成长。

其次，放有尺度。放权给学生干部，并不是完全不管，而要做到有尺度、有原则、有要求，让学生干部在充分发挥主观能动性、做好学生工作的同时，有责任意识及敢于担当的勇气和胸怀。而高职学生干部管理人员更应该实时观察学生干部的动态，了解学生工作的进展、态度、方式方法，对不合适的地方及时指出并纠正，而不能放任不管。只有这样才能真正做到学生干部的养用结合。

最后，管有方法。结合"互联网＋"时代的特点，在相信学生干部能做到自我管理的同时，加强方式方法指导。一是建立健全学生干部奖惩机制，分阶段对学生干部的工作进行综合测评和考核，尤其每学期结束时，结合学生干部的工作表现，并考查其学习成绩、任课教师和同班学生的多方面评价，从而对学生干部有一个相对客观的评价，既有助于总结前段时间工作，又有助于学生干部自身全面发展。对于表现突出的学生干部，应将其评定为模范标兵，同时在评优、推荐入党、就业实习等方面给予优先考虑。二是建立健全学生干部的换届选举制度。让所有学生都有机会竞选学生干部，既能调动学生整体的主动性，又能发现学生的长处和不足，在民主管理的同时增强学生的团结意识、集体观念和组织协调能力，让学生在力争上游的氛围中学习和进步。

（四）培养理念先进化，做到"开放多元"

高职要想打造一支优秀的学生干部队伍，培养理念要创新，要做到与时俱进。结合"互联网＋"时代高职教育的转变，学生干部的培养要做到开放性和多元化相结合。

首先，借助网络打造立体化培养平台。除了传统的线下对学生干部的培养外，高职还要充分利用线上资源，发掘互联网资源。高职学生管理人员要及时了解新时代高职学生的思想动态，大到学生的思想观念，小到学生平时生活和学习所用的语言、关注的热点事件和娱乐节目等，知晓学生的最新动态，从而有针对性地组织学生活动，提高学生工作效率。

其次，对学生干部的培养要创新培养思维，做到以学生干部为主体，强化其主人公意识。新时期的高职学生的创新意识较强，与自主意识较传统的高职学生有很大的不同，因此，强化学生干部的"主人翁"意识在日常工作管理中尤为重要。高职学生管理人员要从学生干部关注的问题出发，尊重其观点，并用互联网思维进行指导；此外，要加强学生干部的作风培养和信念培养。一方面，注重学生干部的作风培训，开设专题讲座、培训班等，养成学生认真工作、戒骄戒躁、谦虚谨慎的工作作风；另一方面，强化学生的信念，要有感恩之心、服务之心和上进之心，把服务同学和心怀感恩内化于心，并积极付诸行动。与此同时，心理素质的培养必不可少，现在的高职学生在学生时代经历的挫折较少，一定要有意识地培养学生干部的心理承受能力和健康的心思素质，让学生真正做到正确对待成败。

最后，结合"互联网＋"时代下学生干部的成长特点，注重培养学生干部的挑战性和创新性。在当下的高职学生中，独生子女较多，在家是"小皇帝""小公主"，遇到问题总想着有家长在后面支撑，因而在做学生工作时挑战性不足，有时畏首畏尾，不敢去想去做。但与此同时，我们应看到朝气蓬勃的大学生是接受新事物最快、思维最活跃的青年人，他们有"欲与天公试比高"的壮志雄心，这就需要高职学生管理人员发掘和引导，培养学生干部的创新性，给予他们施展抱负的舞台。"创新是民族进步的灵魂，是一个国家兴旺发达的不竭源泉，也是中华民族最深沉的民族禀赋"。[①] 同样，创新是学生干部做好学生工作的动力源泉。培养学生干部的创新能力，一要提升其学习能力，理论指导实践，学生干部只有学好相应的理论知识，才能在学生工作实践中做到有想法、有思路；二要培养学生"敢为人先"的大无畏精神，"新时期的学生干部要敢做敢当，要勇于尝试，敢于失败，而不甘于失败，要有创新的勇气"[②]；三要锻炼学生百折不挠的毅力，"胜败乃兵家常事"，学生干部在做工作时由于经验不足、思虑不全等原因难免遇到难题，在鼓励学生的同时还应培养学生不怕失败的勇气和信心，在磨炼中将其培养成更加优秀的学生干部。

---

① 习近平：《在同各界优秀青年代表座谈时的讲话》，人民网 2013 年 5 月 5 日。

② 赵允玉. 谈高职学生干部的管理与培养 [J]. 湖南科技学院学报，2013. 9. VOL34(9).

学生干部是各项学生活动的带头人、实践者，也是学生的意见领袖，同时还承担着教师和学生之间的桥梁与纽带的重要责任。"互联网＋"时代的到来为管理培养学生干部群体提出了新的挑战，我们要做到的是主动顺应时代发展要求，寻求科学、高效方式，以互联网思维为基础，在选拔、任用、管理和培养学生干部方面开创新思路、新举措，培养学生干部的创新意识、服务意识，充分发挥新形势下学生干部的积极作用，为做好学生工作锦上添花。

第二节　互联网时代下高职学生公寓管理

高职学生公寓是学生日常生活和学习的重要场所，对学生的成长发展有着十分重要的作用。但是从发展实际情况来看，高职学生公寓管理在一些方面仍然存在问题，为此，本节结合高职学生公寓管理现状和基本内容，在分析高职学生公寓管理信息化必要性的基础上，具体分析互联网背景下高职学生公寓管理信息化手段。

学生公寓管理是高职各项工作发展的重要组成部分，其管理能力、服务水平等关乎学生的整体利益、办学质量、人才培养质量。在高职的不断扩招下，高职学生数量增多，学生公寓床位变得更加紧张，同时学生对公寓分配和公寓管理的要求也相应地提升，加上外界环境给高职公寓管理带来的影响，怎样将互联网背景下的大数据技术应用到高职公寓管理中，打造高职公寓信息化管理系统成为相关人员需要思考和解决的问题。本节结合互联网背景下高职学生公寓管理现状，结合大数据技术发展，打造 SQL Server 数据库系统管理，实现技术 Java Web 中的 SSH 框架，以及对高职公寓管理信息系统的开发。

一、互联网时代下高职学生公寓管理现状

首先，越来越多的社会力量开始进入学生公寓。由于高职对公寓管理工作的重视，高职公寓基础设施更加完善，高职公寓管理引进了电子门禁系统、智能电控系统、智能水控系统等硬件设施。在社会其他力量的支持、配合下，高职公寓管理实现了物业和保洁结合的外包，增强了高职学生公寓的管理服务功能，越来越多的机械设备被投入到高职公寓中。

其次，信息反馈和传递不及时影响了高职学生公寓的管理质量。随着高职的深入扩招，学生数量增多，信息的沟通交流成为制约高职公寓管理质量的重要因素。同时，受社会不良风气的影响，高职学生在自我教育、情感交流等方面存在不同的问题，加上学生干部对学生公寓管理缺乏必要的监督，导致学生公寓的管理、服务质量不高。

最后，鱼龙混杂的网络信息制约着高职学生公寓管理。鱼龙混杂的不良社会信息的存在，在很大程度上影响了高职公寓管理质量。高职学生获取信息的重要渠道是网络，通过各类网友和交友平台获取信息，但是网络上的不良信息不利于学生三观的培养，在一定程度上也干扰了高职公寓管理信息系统的发展。

二、高职学生公寓信息化管理的意义和内容

（一）意义

高职传统公寓管理发展存在一定的局限，具体表现在高职公寓获取的信息较为复杂，在信息处理上需要消耗大量的人力、物力和财力。传统公寓分配管理多是依靠人工进行操作的，在具体操作中需要了解住宿信息。高职学生公寓的信息化管理可以根据学生的生源地、户口等来安排学生，提升了高职学生公寓管理效率。

（二）内容

第一，住宿管理。住宿是学生公寓的核心，公寓的信息化管理记录了入住学生的详细信息和资料，根据这些资料能够实现对学生的科学管理，简化查询和维护工作。

第二，卫生管理。公寓卫生管理是高职学生公寓管理的重要内容。公寓管理人员应根据每周检查的结果给定各个学生宿舍相应的卫生分数，并以信息化的手段将这些信息录入到相关系统中。

第三，报修管理。学生生活中难免会出现问题，包括公寓的用品损坏等，会影响学生的生活质量。信息化管理中的报修管理能够让学生利用信息化平台进行物品的报修，维修人员根据报修结果给出相应的解决措施。

第四，公寓楼的来访管理、出楼管理。公寓楼的来访管理、出楼管理能够确保学生财务安全。为此，需要相关人员利用信息化管理手段严格控制、管理流动人员，避免不安全因素的产生。

三、互联网时代下高职学生公寓管理信息化手段

（一）选择适合的大数据技术

各个高职需要根据本校学生宿舍的管理特点，聘请专业的大数据工作人员研发与本校发展相关的大数据技术，实现对学生宿舍的有效利用和管理。另外，高职在学生公寓管理系统建设的时候要注重选择人性化、智能化的管理方式，在进行学生公寓管理的时候需要加强对学生宿舍情况的细化收集和分析，在使用大数据技术的时候要认识到大数据技术的使用不仅是为了管理，而且是为了能够更好地为高职学生公寓管理服务，从而将大数据技术的作用在学生公寓管理中有效发挥出来。

（二）打造专业的高职公寓大数据的管理、分析团队

高职公寓的主要管理者需要具备较高的专业能力和技术水平，在工作中实现对大数据技术的有效应用。在大数据的开发应用上，高职需要加快组建一支高水平的宿舍管理人才

队伍，并在他们上岗之前对他们开展培训，让他们在工作中能够更好地了解掌握大数据知识和云计算系统，帮助学校公寓管理人员了解在校学生的住宿情况，确保为学生带来舒适、和谐的住宿环境。

（三）基于大数据的高职学生公寓管理系统设计

首先，系统的功能结构。在大数据时代，以计算机为主要平台的管理模式得到发展，应用 Java 为主要开发语言，以 SQL Server 数据库为后台数据库，打造了一个学生公寓管理系统。高职学生公寓是学生学习、生活、休闲、交流的主要场所。结合社会发展对高职学生公寓建设发展的要求，高职需要借助大数据实现对高职公寓科学化、制度化、规范化的建设。基于大数据的高职学生公寓管理系统模块包含以下五类：一是学生管理模块。学生管理模块是基于大数据的高职学生公寓管理系统模块的重要组成部分，在模块中主要包含学生的姓名、性别、院系、专业、年级等。在该系统的建设运行中，管理人员可以结合实际查询学生的基本信息，加强对学生纪律情况、宿舍行为情况的了解。该模块实现的功能包含学生能够根据需要自己查询自己的信息、查询宿舍的情况，管理人员可以实现对学生信息的录入和添加。二是寝室管理模块。基于大数据的高职学生寝室管理模块包含公寓楼号、宿舍号、管理编号信息等。学生能够根据自己的需要自主修改密码，但是不能修改宿舍的评比情况。基于大数据的高职学生寝室管理模块实现的功能包括学生对宿舍情况的查询、反映。根据该模块，管理员能够实现对楼房信息的增减、对寝室状态的查询等。三是出入登记模块。该模块包含学生外出情况的登记、学生往返时间的登记、物品出入之后的登记、来访客人的登记。这些有效的管理能够确保学生宿舍的安全。四是财产管理模块。基于大数据的高职学生财产管理模块包含宿舍原配财产登记制度、损坏登记、维修登记管理等信息。管理人员通过这些信息的有效管理可以确认对已经维修物品满意度的查询和评价，为此提出相应的建议。五是系统管理模块。基于大数据的高职学生系统管理模块包含管理员、公寓管理人等信息。管理人员通过对这些信息的管理能够加强对学生公寓的有效管理。

其次，数据库设计。数据库设计是信息系统开发和建设的关键技术，建立在数据库和应用系统基础上。数据库设计是指在特定环境中打造的一个高质量数据库模式，能够实现对高效能数据的存储管理，从而满足群体的使用需求。数据库的设计作为一个重要的课题能够实现对数据库的有效研究。管理员和楼房之间的管理关系是一对多的关系，楼房和宿舍则是一种一对多的包含关系。学生实体属性包含学号、编号、学院、性别、专业、政治面貌等。宿舍实体属性包括公寓楼号、宿舍号、联系方式、实际人数等。实体来访人员属性包含来访人、被来访人、离开日期、离开时间等。管理员实体属性包含姓名、性别、地址、职位等。

最后，模块的功能实现包含以下内容：

1. 学生信息模块

第一，学生信息的录入。学生信息的录入要求在系统模块中添加学生的基本信息，具体包含学生姓名、性别、院系等。这些信息除了学生的离开时间可以是空的之外，学号必须是标识学生的符号，学生的院系、专业、班级等则能够帮助管理人员设置方便输入信息、可设置的信息等。第二，学生信息查找。学生信息查找模块实现了信息快速查询功能，学生能够按照学号、宿舍号等，利用 select 语句实现查找和显示符合条件的结果。第三，学生信息修改。管理员能够修改学生的信息，具体修改方法是在登录系统之后，点击学生信息"修改"按钮，通过 update 语句来录入相应的信息，在信息录入之后自动生成后天数据库的内容，如果修改符合相关标准则会显示"修改成功"，如果修改不成功则会显示"警示提示"。第四，学生信息的删除。学生信息的删除需要得到学生的反复确认，前台删除的信息将会在后天数据库中删除。第五，学生信息的添加。学生信息在添加的时候需要重新分配一个单元，在之后点击相应的"添加"按钮，录入初始数据信息。

2. 寝室管理模块

第一，寝室信息初始化。系统管理员可以根据实际需要设置相应的楼房名称、楼房属性，确定每个楼房的人数和寝室的属性。第二，寝室的安排。在安排寝室的时候，系统默认同一个班级的学生住在一个宿舍，邻近班级的学生作为邻居。如果一个班级的学生没有住满一个宿舍，则可以在其中安排相应的学生。在安排寝室的时候，寝室系统管理人员设置了每个楼的属性，如果一个楼的楼房仅仅有十八层，就不能将学生安排到十九层。如果宿舍状态显示六人，就不能在其中添加新的学生。如果一个宿舍的学生人数较多，系统就会显示"警示框"。

3. 财产管理

基于大数据的高职学生公寓管理系统，管理人员会为学生宿舍统一安排财产，包含财产的名称、数量和种类等，学生通过账号登录能够申请财产的维修、评价，进而提出相应的改进措施。

4. 出入登记模块

出入登记模块分为三个单元，包含学生出入单元、学生往返单元、来访登记单元。管理人员在登记信息的时候需要根据自己的权限登录，登记完成之后显示相应的登记内容、时间和效果。

综上所述，大数据在高职学生公寓管理中的应用充分显示了其高效、安全的优势。为此，需要相关人员根据高职公寓管理发展特点，进一步将信息化管理中的大数据技术应用到学校公寓管理中，从而为高职学生的健康成长提供良好的环境支持。

第三节　云计算与移动互联网的高职学生自主管理

随着学习型社会的发展，培养复合型、完善型和创新型的人才成为近年来高职不断发展和探索的方向。而在人才培养过程中，提升高职学生的自主管理能力能够节约高职的行政管理资源，优化育人环境，提升高职学生自身的积极性、主动性和创新性，有利于国家创新人才的脱颖而出。因此，我国各高职纷纷提出和制订了各自的大学生自主管理方案，来健全和完善人才的培养。

当前，国内关于高职学生自主管理的研究大多停留在理论层面。相比之下，西方在该领域的研究较早，国内的研究开始相对较晚，成果较少。高职学生自主管理包含个体自主管理和集体自主管理两个层面，两者相辅相成。它包含的内容有目标管理、时间管理、金钱管理、行为管理、高职学生参与学校的管理等。与此同时，高职学生自主管理也是高职学生管理工作的重要组成部分。

经研究发现，当前的高职学生具备一定的自主管理能力，并能自行处理自身在学习和生活等方面的问题。但是有些高职学生还显得很不成熟，依赖性强。从整个高职学生群体来说，高职学生自主管理能力呈现缺失状态。所以高职在实施高职学生自主管理工作中遇到了以下几个问题：

一是高职学生自主管理能力缺失呈现非均衡的状态，不同的学生能力不一。

二是管理方法落后，传统的督导和教育已经不能适应现状。

三是学生数量剧增致使管理工作量增大，导致高职管理者只能面对一部分学生进行的教育和管理。

四是尚未完全成熟的高职学生难以抵御社会的复杂性和多样性带来的诱惑等。

高职学生自主管理工作还没有更好地解决这些问题。为此，我们提出基于云计算和移动互联网技术来构建一个高职学生自主管理平台。该平台采用面向对象的软件开发方法，将现有的、未来可能出现的大学生自主管理相关的移动互联网应用及 Web 服务集成到平台中，平台的数据由云计算平台统一管理和维护。平台能够向高职学生提供包括目标管理、时间管理、金钱管理等全方位的服务；同时，面向高职，平台能够将学生自主管理过程中产生的数据采用相关数据分析、数据挖掘算法进行分析，然后反馈给管理者，以辅助高职进行更好的管理。

通过这一平台，能够解决现有的高职学生自主管理过程中的问题，把高职学生自主管理的理念推向一个新的台阶，从而培养出更加自主化、完善化的人才。

一、云计算与移动互联网在高等教育中的应用概述

（一）云计算在高等教育中的应用

自 2006 年谷歌（Google）公司提出"云计算"的概念以来，伴随着近年来快速的发展，云计算的应用已渗透到各行各业，并在不同的领域中发挥着高可靠性、通用性、高可扩展性、按需服务、价格低廉等优势。

云计算在高等教育领域的应用和相关研究由来已久，我国各高职大都参与其中。云计算在教育领域长期发展，并渐显成熟，从理论到应用都发挥着重要的作用。

云计算在高等教育中的应用有以下领域：教学资源的知识管理协作、基于教育云的高职信息化建设和模式、多媒体教学环境、构建电子新型图书馆、智慧校园等，促进了学校教学、科研等的发展；其中最核心也是最重要的，是教育资源的整合与共享，这是云计算以资源为核心的直接表现。云计算为海量的教育信息和资源提供了高可用、大容量、快速存储等的可能性。未来，云计算还将继续在教育领域中发挥重要的作用。

（二）移动互联网在高等教育中的应用

随着移动互联网的快速发展，越来越多的移动学习类应用和高等教育相关应用争相出现，都在抢占这个巨大的市场。前瞻产业研究院发布的《2014—2018 年中国网络教育行业市场前瞻与投资预测分析报告》分析显示，随着移动终端的普及、通信技术的发展，"碎片化移动学习"成为讨论和发展的焦点。移动互联网在高等教育的移动应用包含学习类、高职信息类、生活辅助类等。学生通过移动设备就能够了解学校资讯、学习各类互联网课程等。

2009 年 7 月，ABI 研究（ABI Research）推出一份研究报告，提出了"移动云计算"的概念。移动云计算是结合云计算与移动互联网产生的。它借鉴了云计算和移动互联网各自的优势，使应用的产业在发展的过程中能够使应用者既能够快速、方便地获得服务，也能够在高可靠的环境里安全地使用服务。因此，将云计算与移动互联网相互结合的"移动云计算"应用到高职学生自主管理平台中，能够为平台的数据运营和学生使用提供全方位的服务。

二、云计算与移动互联网的结合，给高职学生自主管理带来了新机遇

云计算与移动互联网的结合在高等教育领域必将引发一场前所未有的革命并带来更多的发展空间。云计算的产生打破了传统高等教育中教学资源与管理资源的管理与维护方式，使教学资源和管理资源得到了更加充分的利用。而移动互联网在另一个层面又提升了管理方式和渠道的多样化。两者的结合将给高职学生自主管理平台带来更多机遇。

（一）适应高职学生自主管理

传统的高职学生自主管理，通过单方面的建设管理办法或提出校园管理和运营的方案等来提升与帮助高职学生进行自主管理这具有一定的局限性，所有学生采用统一的管理办法，已经不能适应人才个性化培养的需求。而云计算与移动互联网的引入，能够向高职学生提供大量的、可选择的高职学生自主管理相关的移动应用和 Web 服务，学生可以根据自身的情况进行个性化的定制和使用。

大学生自主管理平台能够向高职学生提供包括个人日常计划安排管理、班级管理、团队管理、金钱管理、学习管理、目标管理、职业生涯管理等服务。不同的高职学生自身多方向的自主能力也不同，他们可以采用自适应的方式择其所好，选择对自己有帮助的移动应用进行使用并帮助自己进行自我管理。

（二）全方位立体式采集数据

学校管理者一般希望通过在实施大学生自主管理工作的过程中获取学生自主管理进展的相关信息和数据，以备分析和进一步完善。获取的数据往往是单方面的，而不是全面的。以移动互联网应用式的方式进行管理，能够通过大量的应用实时获取学生自主管理过程中的信息和数据，同时不同的应用针对的方向不一，例如，"我的大学"应用针对的是高职学生日常的计划安排、金钱管理等，"云上课堂"应用针对的是高职学生学习计划的管理等。

这种方式能够全方位立体式地获取高职学生自主管理过程中的信息和数据，既能获取学生在校期间的个人消费行为数据，也能获得学生个人学习情况的数据，还能获得学生在学校的管理工作中的相关数据等。进而，全方位的数据信息能够更加完善的辅助管理者进行管理。

（三）快速反馈自主管理现状及分析结果

高职学生自主管理除了包括与学生个人相关的管理外，还包括学校管理者参与的管理。在必要的情况下，学校管理者能够引导学生进行自主管理，而不是任由学生自己执行全部的管理步骤。

学校管理者参与高职学生自主管理是通过在高职学生自主管理过程中获取相关信息，然后进行数据分析，进而给出执行的过程方案。这种建立在现有高职制订的高职学生自主管理制度和方案上的过程，往往周期长、效率低，最终提升高职学生自主管理的能力也不佳。而建立在云计算和移动互联网基础上的高职学生自主管理平台，能够在全方位立体式获取数据的基础上，采用数据分析、数据挖掘等相关算法，以更快速的方式呈现在管理者的眼前，能够直接给出当前高职学生自主管理的现状并结果。

三、基于云计算与移动互联网的高职学生自主管理平台的总体架构设计

基于云计算与移动互联网的高职学生自主管理平台采用面向服务（Service Oriented Architecture，SOA）的软件架构设计方法，与传统面向对象和基于构建的软件开发方法相比，具有重构性强、松耦合、面向服务等特点。同时，其应用于面向平台的架构，可以使平台具有较好的可扩展性。

（一）平台总体架构

基于云计算与移动互联网的高职学生自主管理平台采用 SOA 架构，利用 Web Service 实现平台与接入的移动互联网应用和其他 Web 应用间的通信，并对应用间通信所采用的可扩展标记语言（XML）、JSON（Java Script Object Notation，JS 对象简谱）等数据进行加密处理，很好地保证了平台的安全性。同时，平台采用四层架构模式，整体平台逻辑清晰、层次分明，具有较好的可扩展性和伸缩性。平台架构分为四层架构，分别是应用层、云资源层、认证授权层、校园云端层。

第一，应用层。应用层也称为"服务层"，是面向高职学生、教师等用户的服务提供层。用户可以通过浏览器、移动 App 与平台进行交互，该层包含的应用有移动 App 应用和 Web 应用，移动 App 应用有辅助学生进行自主管理的应用和增加师生在线交流等应用，这部分应用部署在云资源层。

同时，应用层囊括了来自互联网中有益于大学的其他移动应用。应用层是通过云资源层提供的服务得以实现的。

第二，云资源层。云资源层是自主管理平台的资源中心，其通过云服务器部署应用层服务和大学生自主管理类应用等。同时承担了应用数据存储和管理的角色。云资源层通过标准化的数据结构对提供的 Web Service 技术建立统一的模型。其中，Web 服务器是服务的主要提供者，将平台中实现大学生自主管理的应用服务、校园云端层大学生自主管理数据分析服务提供调用的接口。

第三，认证授权层。认证授权层向高职管理者、学生、教师及其他用户提供了统一的认证。高职在通过认证授权后可以从云资源层获取对应高职学生和教师使用该平台中部署的相关应用的数据，然后利用平台的校园云端层进行数据分析。

第四，校园云端层。校园云端层主要面向高职管理者，包含高职学生自主管理数据分析系统等。高职管理者通过该层对学生和教师使用校园类应用所产生的数据进行分析，以辅助进行管理和决策。

（二）自主管理平台功能模块划分与用户行为

平台面向学校管理者提供了高职学生自主管理数据的分析系统。通过该数据分析系统，

学校管理者可以对该校学生的日程计划情况和课后学习任务完成情况等数据进行分析。

平台的基础数据管理包括学生信息管理、教师信息管理等。应用管理模块包括应用中心管理、应用信息管理、企业用户管理等。认证授权管理包括普通用户权限管理、高职数据分析系统权限管理等。数据分析系统管理模块包括应用数据管理、分析数据管理等。

根据平台的业务需求，将平台的用户角色及角色的功能划分如下：

（1）学生：使用自主管理软件进行自主管理。

（2）教师：辅助学生进行自我管理，提供教学资源。

（3）平台管理员：应用管理、认证授权管理。

（4）企业用户：应用管理。

（5）学校管理员：数据统计分析，制订决策方案。

（三）平台主要数据流

首先，基于云计算与移动互联网的高职学生自主管理平台主要是通过移动互联网应用，全方位立体式采集学生自主管理的相关数据；其次，利用云计算平台进行数据存储；最后，通过统一的校园认证平台，向各高职学生自主管理数据分析系统传输数据，以进行最后的分析和挖掘。为了能够最大限度地分析当前学生进行自主管理的真实情况和信息，平台提供的数据必须严格、准确。同时，平台部署的自主管理类应用应能够进行学生的学号绑定，以供高职进行学生识别和分析。整个平台涉及的数据主要有以下几种：

（1）应用信息：应用信息包括平台所有应用的基础信息和用户在使用过程中产生的数据信息。应用基础信息包括应用的名称、所属类别、版本、支持的软件平台等，而使用过程中产生的信息即高职学生自主管理过程中的信息，包括学生使用学习类应用软件进行的学习行为的数据信息、使用管理类应用的行为数据信息等。

（2）学生信息：信息包括学生个人的基础信息。

（3）教师信息：信息包括教师个人基础信息和教学信息等。

（4）平台管理者信息：平台管理者信息包括自主管理平台的管理员基础信息等。

（5）学校管理者信息：学校管理者信息包括校园云端管理者的基础信息。

（6）学生自主管理分析数据：学生自主管理分析数据主要为学生使用平台后产生的数据进一步加工处理后的结果信息，是由学校管理者把云资源层获取的数据进行筛选、分析等过程后获取的。

（7）认证授权信息：认证授权信息包括平台所有用户的权限信息、校园云端和软件授权信息等。

以上平台数据与平台主要的业务流程密切相关。其他数据信息还包括互联网应用来源信息等。

（四）自主管理平台的具体应用——以重庆交通大学为例

基于云计算与移动互联网的高职学生自主管理平台的五类用户通过互联网在云计算平台中进行高职学生自主管理、应用管理、自主管理数据分析等具体的操作。本书将以重庆交通大学基于云计算技术创新型的高职学生自主管理平台为例，以笔者自主研发的移动学习管理应用"云上课堂"（软件著作权登记号：2014SR090086）进行数据采样分析。应用层的应用主要面向学生"云上课堂"移动端服务，这是一款校园课堂助手，能够帮助学生进行学习管理、建立日常学习提醒计划，同时也是学生进行在线学习的应用。另外，应用还提供了师生在线交流等服务。该应用能通过学习和日常计划的层面帮助高职学生进行自主管理。

统计数据显示，85% 左右的学生的课程任务的完成情况较好，学习管理能力较好，能按时完成学习任务，但提前完成者比例较少；同时，存在一部分超时完成的学生，甚至是未能完成的学生。数据从侧面反映了学生对自身学习任务管理能力和时间管理能力。

最后，我们在重庆交通大学对平台试运行进行了抽样调查，调查结果显示，试点运行总体良好，但平台还存在以下问题和不足：

（1）对学校管理工作者来说，在现有的教学管理系统的基础上增加了工作量，造成了一定的不满意；

（2）目前平台集成应用少，监测的数据还不够完善；

（3）对教师来说，在线下课堂的基础上增加了与学生沟通的渠道和时间，但同时带来了线上管理学生的工作量；

（4）对学生来说，目前平台提供的管理资源还较少。

基于云计算和移动互联网的高职学生自主管理平台是将云计算和移动互联网技术引入高等教育领域进行学生自主管理的一种创新；同时在辅助高职学生自主管理能力提升的过程中，又为高职管理者提供了学生自主管理的数据分析和决策等服务。虽然平台在前期的试用和执行的过程中仍存在一定程度的问题，但是平台仍然受到了学生和学校的好评。未来，平台的优化实现和推广将为我国高职学生自主管理带来新的活力。同时，研发出更多有益于高职学生进行自主管理的应用将是下一步的重点工作。

第四节 互联网时代下高职语言实验室建设和管理

进入 21 世纪后，我国全面进入了互联网时代，各行各业都在快速发展。高职的语言实验室承担着高职的外语教学任务。伴随着高职外语教学逐步走向个性化、主动式、交互式的学习方向，为了给学生提供更好的学习体验，特研究、设计了基于局域网络的语言实验室信息管理系统。该系统为外语教学和实验室管理提供了信息化平台，从而有效地丰富了实验教学方式，同时提高了实验教学和管理效率。

在推进高职实验室内涵式建设的过程中，提高实验室管理效率和水平已成为高职新工科建设领域的共识。高职在"智能+"时代，勇开新路，充分发挥信息技术学科的优势，坚持走信息化特色发展道路，建设网络全覆盖的智慧校园和绿色实验室，不断深化对一流学科建设和创新创业人才培养的支撑，形成了以信息技术为基础打造集约化实验教学平台和实验室管理平台的新模式。

一、高职语言实验室建设和管理现状

（一）学生违规操作

在语言实验室教学过程中，由于学生进入实验室前没有接受任何实验室操作培训，对实验室操作使用守则不清楚或漠视，其违规操作是语言实验室管理和建设中存在的大问题。主要表现为学生不对号入座，不遵守课堂秩序。在上课期间，学生擅自对主控机进行操作，甚至更改屏幕监控设置；或者改变教师和学生之间互动交流模式，致使设备的信号无法传输，严重影响了语言实验室的正常教学。

（二）管理人员素质较低

很多高职在选择语言实验室的管理人员时，未能认识到这一工作的重要性，经常随意选择一些其他部门的管理人员进行兼职。这样会造成管理人员负担较重，且缺乏科学的理论体系与实践操作技能，在面对语言实验室出现的问题时无法及时解决，甚至未能进行管理，导致其管理工作严重缺失。

（三）设备更新、维护经费投资不足

很多语言实验室的基础建设总体跟不上学校发展速度，并且配套设备不完善。高职对语言实验室的更新维护经费投入低于其实际所需。经费投入不足，使其更新换代较慢，无法与时俱进，无法跟上外语教学发展的节奏；实验室的配套设备也不完善，从而影响了教师上课的质量。学生无法更有效地利用语音室的设备进行外语学习，也无法实现有效的网络化智能化管理。

二、高职语言实验室信息化建设和管理思路

（一）建设一支高素质实验管理人员队伍

语言实验室设备是基础，人员是保障。实验室能否高效运转并最大限度地发挥其在外语教学过程中的重要作用，主要还是靠人的管理。在当前实验室网络平台、教学设备、教学功能不断升级的情况下，实验管理人员只有不断学习，才能与时俱进，实现对信息平台

的有效管理。目前,高职语言实验室的各项工作繁重。在严重缺编的情况下,实验管理人员要通过学习,逐渐成为业务技术骨干,以便有效提高实验室的管理效益。

(二)硬件信息化改造

语言实验室要适应信息化管理,前提条件是实验室的设施和设备应该要有网络支持。语言实验教学所需的语音设备,包括教师终端和学生终端都要接入校园网络,每台终端分配一个校园网互联网协议地址(IP地址),并且每台终端的互联网协议地址固定,不能使用自动获取的方式。为了便于管理和维修,每个学生终端可以编一个唯一的座位号。

要实现远程教学督导,以及远程监控,每间语言实验室应该加装带拾音功能的高清摄像头,一般前后各装一个。摄像头要接入校园网,并且分配固定的互联网协议地址。音频和视频数据可以实时传送,也可以保存在监控录像机上,方便回放。音视频监控系统可以"一机多用",除了用于日常教学管理,还可以用于各类考试监控。

要实现签到信息化,语言实验室还要配备签到设备,可以采用指纹签到方式或者刷脸签到方式。不建议使用身份证或校园"一卡通"进行签到,因为身份证或校园"一卡通"不是每个上课学生都会随身携带的。

创建岗位协作机制是语言实验室管理的另一有效途径。实验专职管理人员必须是一个团结、友爱、和谐的集体,同处一室,内部之间要及时沟通,每天交流实验室出现的各种问题和解决办法,讨论实验室的建设方案、网络和设备功能的有效利用、设备的维护维修、实践教学运行、开放自主学习方案和管理等内容,起到互相学习、共同进步的作用。其中,专业实验技术人员应言传身教,为非计算机专业的专职管理人员和实验教师传递知识经验。

(三)软件资源的管理

第一,数字语音系统软件生成的文件管理。数字化网络语音系统都有自动生成的文件。比如,学生的出勤统计、收取的学生作业、录音文件和考试成绩。这些文件有些会提示教师选择保存的地址,有些则是系统默认的保存地址。这就要求实验员在教师机安装保护时对这些文件的存放设置一个安全的地址,以防止教师机出现问题时这些记录被破坏或丢失。实验员还要将这个地址通知任课教师,保证教师在修改记录时能够顺利地找到文件。

第二,服务器影音资料的更新和保存。对于一些每月更新的资料,如空中英语教室等;每年评选出的优秀电影,如奥斯卡获奖影片等,需要管理员及时地上传服务器,供学生使用。数据库的资料会随着时间的增加越来越丰富,为了便于不同层次的学生在最短的时间内找到自己需要的资料,管理员可以按照文件的类型和名称对资源进行分类上传。

第三,密码的保管。语言实验室的人员流动大,设备和软件复杂,密码的保管显得尤为重要。常见的硬盘保护卡密码、服务器密码、自主学习平台的管理员密码和教师实名登录的密码都需要管理员细心保存,以防带来不必要的麻烦。

综上所述,如果"互联网+"在高职语言实验室的建设和管理中得到广泛应用,那么将使语言实验室的管理模式发生实质性的变化，为语言实验室管理体制的转变和创新提供支撑的平台，为提高语言实验室的管理水平奠定坚实的基础。

第五节　互联网时代下高职人才管理

在互联网的带动下，社会经济、生活、生产方式都发生了巨大的改变。在高职人才管理过程中，学校积极地运用"互联网+"模式来培养技术人才，不断地优化教育理念，利用互联网来培养现代化技术人才，学校的管理模式可以发展为"互联网+"多种模式的信息管理平台。在"互联网+"信息管理交流平台上，高职学生可以自由地交流，获得想要了解的学习信息，快速、高效地发布信息、下载重要信息。"互联网+"模式下的人才管理，需要重建以人事部门为核心的管理部门，发展和创新人性化、科学化的管理模式，从而使高职学生能够了解网络技术、熟练利用互联网技术。本节就互联网新型教学方法展开研究，从而为高职的"互联网+"发展指引方向，使高职能够培养社会需要的人才。

互联网是社会发展的必然趋势，可以快速地传播信息，使效率大大提高，在各个行业中均得到了推广和应用。各个传统行业也正在转型升级，逐渐形成了"互联网+"新型管理模式。高职应建立一个完善的互联网学习平台，使其可以很好地利用互联网帮助学生学习，从而培养学生自觉学习的好习惯。学生在学习平台上可以自由获取想要了解的知识，能够自觉自愿地开展学习研究，学习的效率也会更高。

一、"互联网+"高职人才管理面临的机会与挑战

（一）新的管理理念下高职发展的机遇

互联网具备信息快速传播的独特优势，可以借助工具快速地将信息分享出去，实现信息的快速传播与互动。在高职管理中，学校管理人员可以利用互联网交流工具对学生进行统一的管理，可以利用腾讯QQ、微信、校园网发布最新消息，与学生进行良好的互动，并不断地创新交流管理模式，使人才管理手段更加多样化，更好地实现智能化、技术化、人性化的管理。互联网的发展与应用给人们的生活、学习都带来了新的变革。在信息化的环境下，人们利用互联网可以快速得到想要的信息，使交流更加快速、方便。在学校的管理中，互联网的管理理念给高职发展提供了机会，但同时也带来了挑战，高职只有不断地创新和突破，迎接挑战才能更好地发展，为高职教学事业发展开拓新的一片天地，使高职的教学质量和现代化教学水平得到更多人的认可。

（二）"互联网+"模式下高职人才管理的挑战

（1）互联网具有开放性和自由性的特点。在学校互联网平台上，可以随时获得新的

信息，信息量非常大。高职学生由于其思想还不成熟，容易被各种不良网络信息误导，这也是高职人才管理遇到的最大困难，无形中给高职管理带来了很大的难度。互联网平台使一部分学生沉迷于网络虚拟空间中不能自拔，使其对人际交往和社会活动都不积极参加，从而给高职人才培养增加了难度。

（2）高职传统的人才管理模式与互联网人才管理模式出现了脱节，不能很好地进行工作的衔接。传统的管理模式是单方面的控制管理，与互联网管理模式产生了很大的反差，"互联网+"管理模式是自觉自愿地进行探索学习。在现代化互联网环境下，高职学生的个性更加张扬，心理和情绪容易产生波动，再加上高职学生正处于叛逆阶段，很容易对高职的强制性管理产生抵触情绪，使高职的现代化互联网管理工作不能顺利实施。近年来，随着招生的规模不断扩大，在校学生人数逐年增加，高职内部辅导人员出现了严重不足的情况。由于高职管理人员短缺，使学校的管理工作量加大，单凭教师无法实现高质量的管理，高职人员安排得不科学合理，使校园各项工作无法明确分工，大大降低了管理的效率。

二、将"互联网+"积极地应用于人才管理中

在互联网环境下，高职的管理工作正在向现代化管理模式改进，应该利用互联网平台构建人性化的管理方式，提高管理服务的质量，使学生能够在正确的引导下利用互联网来学习交流。高职建立以人事部门管理模式为核心的人才管理模式，通过人事部门实现与其他部门的协调工作，科学安排学校的日常工作，将学校的日常工作通过互联网反馈给学校人事部门，从而全面了解高职的教学工作进展。高职以科学的管理理念提供以学生为中心的人性化管理方案，具体的管理应用包括几点：

第一，以人事部门为中心，做好共同的协调管理。"互联网+"管理模式可以实现多个部门的配合工作，学校的人事部门可以与科研处、教务处等一些部门进行互动交流工作，从而构建一个完善的人才培养机构。学校可以组建一个人才管理委员会来处理各部门之间的管理分工，管理委员会可以设立在学校的人事部门，其主要的工作就是协调管理日常的分工工作。由学校的主要领导人员担任主要职务，由教师代表和学生代表来担任委员，以会议的形式来制定学校人才管理的各项细节，并交给学校人事部门来实施。学校科研处负责对学校人才的科研能力进行如实的评价，教务处则负责教学工作量、教学效果等方面的评价。由学校人事部门进行统一协调管理，从而做到人性化、科学化的管理。

第二，鼓励人才创新管理。学校应该积极督促和引导学生创新，利用互联网平台对学生进行创新指导，对于学生提出的看法和意见进行斟酌和采纳，对于表现突出的学生应予以荣誉或物质上的鼓励。学校其他部门也要积极地投入到创新研究中，研究各学科与互联网的结合教学，利用网络平台对人才进行管理方面的创新研究，在网络环境下运用新的理论和思维实现自身研究的创新。只有不断创新，才能有更好的发展机会。学校应将创新的理念植入学生的实践学习中，学生应能够深入理解开发创新理念，利用网络展开创新的设想和研究。

第三，利用网络来提供管理服务。高职要利用好网络平台，公布一些学校的重要管理信息，让学生可以通过学校互联网平台来获取有价值的信息。学校还要设定管理人员和日常维护人员，对信息进行日常的维护和管理。学校管理平台的消息发布、处理、更新、删除等都由人事管理人员来负责。在实践工作中，管理人员既要掌握网络信息技术，还要懂得人事管理的技巧和方法，从而使学校日常的管理工作进行的更加顺利。

第四，发挥人才的主动性。在管理中，为了发挥人的最大效益，高职要充分尊重人才，培养高素质、自觉性的人才。高职在建立互联网交流学习平台时，还要让教师参与到系统构建与日常运营中。高职的互联网平台中，不仅要设立管理人员的登录入口，还要设立一个教师登录入口，让教师可以在平台中与学生进行交流互动，把教师好的方法应用到人才管理中，从而更好地促进管理平台对学生的指导教育，使高职可以培养出对社会有用的人才。

第五，网络公平评价机制。互联网交流平台还要建立一个开放的评价入口，登录系统的人员都可以将自己的一些看法和评价表达出来。学生可以对教师的教学方法和行为进行评价，评价的内容是公开的，所有人都可以看到，这样教师就可以看到来自学生和其他教师的相关评价，使教师和学生都能在一个良好的环境中学习。但在学校学习平台上，教师不会看到具体是哪个学生对自己进行了评价。平台反馈信息和评价可以更好地督促教师和学生不断进步，在学习方面不断突破自我。

总之，"互联网＋"是一个创新的平台，高职可以充分利用这一平台，更好地做好学校的管理与教学工作，使教学模式更加新颖；学生能够从中高效地获得知识，从而培养网络现代化技术人才。高职可以建立以人事部门为中心的管理模式，让学生在自由的学习环境中，充分发挥自己的学习优势，利用互联网开展高效的学习。学校建立和管理互联网教学平台，使学生可以最大化地受益。学生在信息化的平台上，不仅可以自由地学习知识，还能掌握互联网操作技术，从而培养了现代化社会复合型人才。

第六节　基于互联网的高职餐饮服务管理

食堂是高职学生用餐的主要场所，但是随着高职扩招，学生数量逐年增加，学生在食堂用餐的等餐时间相对变长。高职需要改进传统的餐饮服务管理模式，为学生提供更为便捷的用餐体验，避免学生在用餐方面浪费较多的时间。基于此，本节从互联网角度入手，对高职餐饮服务管理模式的创新进行分析。

在互联网时代，高职是智能手机普及率最高的场所之一。在校内食堂用餐拥挤的情况下，有些学生会选择点外卖。然而外卖餐品在食品价格、安全、质量等方面都存在诸多不足，并且外卖人员进入校园，在一定程度上会对校园的安全造成影响。鉴于此，高职食堂如果想改变这一现状，就需要利用互联网的优势，创新餐饮服务管理模式，为学生提供线上订餐服务，使学生用更低廉的价格，享受更为安全的餐饮服务。

一、传统高职餐饮服务管理模式的不足

高职餐饮服务具有服务对象规模大、口味丰富、具有福利性、就餐时间集中等特征。在服务对象方面，随着高职的扩招，食堂服务对象逐渐增多，而且高职学生大都来自不同地区，在餐饮习惯和口味方面存在较大差异，对高职餐饮服务的要求相对较高。在福利性方面，高职餐饮服务的对象主要是没有收入的学生，和其他餐饮机构相比，高职食堂具有显著的福利性特征，菜品丰富又营养，在价格方面也更加优惠，整体性价比较高，在学生中更受欢迎。在就餐时间方面，高职是培养人才的重要阵地，在教学和管理方面具有显著的标准化和规范化特征，教学时间和就餐时间十分规范，就餐时间十分集中，每到就餐时间，食堂窗口就会排起长队，学生的就餐效率普遍较低。

一般来说，高职学生的上课和下课时间大致相同，每到用餐时间，会有大量的学生涌入食堂，在就餐窗口前排长队，学生等餐的时间相对较长，在很大程度上占用了学生的学习和休闲娱乐时间。同时，就餐的支付方式为校园卡划卡，学生需要定期到充值中心进行充值，而充值中心的上班时间与学生的上课时间相冲突，导致学生的校园卡应用的便捷性偏低。微信、支付宝这类快捷的支付方式则更能获得学生的认可和青睐。由此可以看出，传统高职餐饮服务管理模式存在较多不足，对学生的就餐体验造成不利影响，不利于学生良好校园生活的建设，需要进行改进。在互联网技术不断发展的前提下，要充分利用互联网优势，并结合高职食堂的实际情况和学生的实际需求，进行食堂管理模式的网络化创新，将是传统食堂餐饮服务转型升级的最佳路径选择。

二、基于互联网的高职餐饮服务管理模式创新

（一）互联网平台实现的条件

在基于互联网的高职餐饮服务管理模式创新之前，食堂管理人员需要分析管理模式建设和应用的可行性，明确最佳的高职餐饮服务管理模式。经过大量实践分析，定时订餐平台的建设是高职餐饮服务管理模式创新的最佳途径。一般来说，高职大学生在金钱和时间等方面有不同的认知和独特的需求，而且其生活方式和消费理念具有显著的单一化和开放化特征，希望节约等餐的时间，并用最低的价格享受优质的用餐体验。基于此，定时订餐平台具有良好的发展空间。再加上智能手机几乎是高职学生的标配，所以互联网定时订餐平台在高职中具有较为完善的实现条件，项目具备一定的可行性，能够投入运行。

（二）构建完善的互联网平台

在明确互联网定时订餐平台的可行性后，食堂管理人员需要用低廉的成本建设功能相对丰富的定时订餐平台，提升互联网平台的建设效益。具体而言，技术人员需要明确互联网平台的功能，充分了解和掌握高职学生对该平台的实际需求，有针对性地进行功能模块的设计，保障平台的有效应用。定时订餐平台的功能主要包括菜品信息浏览和定时订餐两部分。后台管理人员需要在前一天明确第二天食堂早、中、晚三餐的菜品，并根据菜品供应量明确菜品的份数，及时更新定时订餐平台中的菜品数量，确保学生订餐的准确性。同时，后期针对一些有特殊订餐需求的学生，平台也会提供个性化服务，让学生的多元需求尽可能地得到满足。比如，除了线上已有的菜品，平台还会对学生的需求去进行调查和分析，定期开发一些新的菜品和服务，要让学生体验更好的餐饮服务。

比如，某高职推出了"i吃"平台，为学生提供定时订餐服务。该平台最初建设于高职的微信公众号中，利用高职学生对校园微信公众号的关注度，提高学生对"i吃"平台的认可度。在"i吃"平台的设计构建阶段，技术人员的流程设计如下：学生根据微信公众号中展示的菜品类型进行菜品的选择，并在下单时选择用餐的时间；支付完成后，订单提交给食堂端的信息平台，食堂工作人员可以根据平台的订单进行相应菜品的制作和准备；学生到达食堂后，可以通过扫码领取订餐，后台自动完成订单。同时，"i吃"平台支持微信、支付宝支付，学生不需要进行校园卡的充值，在支付方式方面也更为便捷和省心。基于"i吃"平台，学生可以在课间事先预定菜品和取餐时间，在到达食堂后直接领取订餐，有效节约了学生等餐和排队点单的时间，使高职食堂提供的餐饮服务更符合高职学生的需求。

（三）做好互联网平台的宣传

在完善互联网平台构建的基础上，高职食堂管理人员需要做好互联网平台的宣传工作，引导学生学会利用互联网平台进行点餐，体会全新的高职餐饮服务模式，从而介绍给身边更多的同学和朋友，扩大互联网平台在高职学生中的应用范围，促进互联网平台的可持续发展。以"i吃"平台为例，食堂管理人员可以首先利用微信公众号进行"i吃"平台的宣传，通过微信公众号的信息推送功能进行文稿的合理设计，推送文稿中需要重点介绍"i吃"平台的功能和优势，并利用高职学生感兴趣的网络用语和表情包提高线上宣传的效果，激发学生对"i吃"平台的兴趣，为"i吃"平台的应用奠定良好的基础。众所周知，微博和百度在高职学生群体中是比较受欢迎的新媒体平台。鉴于此，高职食堂管理人员可以利用高职的微博和百度贴吧等学生关注度较高的社交平台，进行"i吃"平台的线上宣传，以提升宣传效果。以微博为例，食堂管理人员可以建一个属于自己的微博，然后每天在里边更新一些美食、养生、健康等方面的文章，尤其是本食堂特色产品和相关服务的新颖介绍能够提高每一个关注该微博粉丝的黏性。微博也可以不定期地发布一些高职学生比较感兴趣的话题，引导大家进行交流和探讨。长此以往，将每个潜在的粉丝都转化为营销对象，可以最大限度地实现销售的目的，以帮助自身品牌在学生心中树立起稳定的形象，并更好地去获取经济利益。

在线下宣传方面，食堂可以与高职行政管理人员及各个学院进行合作，获取相关人员的审批，在学生教学楼附近摆点，进行"i吃"平台的试用宣传，让学生切身体验互联网平台点餐的便捷性。同时，食堂管理人员可以制作完善的宣讲资料，在各个学院新生大会时进行"i吃"平台的宣传，重点讲解学校食堂的安全性和优惠性，提高"i吃"平台在学生中的普及度，为"i吃"平台的推广应用奠定良好的基础。此时，可以积极发挥学校内各社团的作用，一方面，可以让他们帮助食堂推广，利用美食和互联网点餐平台的便利性等条件吸引更多的学生使用这一平台；另一方面，食堂也可以向社团提供一定的福利，如今后该社团举行重大活动时，对其进行必要的支持，或者在其成员聚餐时，给其打折等，以此扩大"i吃"平台在学校的影响力，以此促进后期营销目的的实现。

做好互联网平台的管理。高职食堂管理人员还需要做好互联网平台的经营管理，定期开展相关的优惠活动，提升学生对互联网平台的黏性和满意度，为平台吸收更多客户，促进平台的进一步发展。比如，在"i吃"平台投入使用后，食堂管理人员可以建设专门的用餐应用软件，丰富互联网平台的功能，增加营利效果。互联网平台可以通过收取5%的手续费盈利。在构建专属"i吃"应用软件后，食堂管理人员可以开设会员功能，办理月会员或者年会员的学生可以分别享受3%和1%的手续费。同时，食堂的个体经营商户在"i吃"应用软件上架时，平台可以收取一定的合作费用，提高食堂的经济效益。需要注意的是，食堂管理人员可以邀请专业软件公司进行"i吃"应用软件的研发，注重互联网平台的拓展性，使平台具备广告投放功能，拓展食堂的收入渠道。

与此同时，食堂可以与高职的勤工助学部门进行合作，选择勤工俭学的学生做"i吃"平台的外卖人员，为想要在宿舍用餐的学生提供送餐服务，拓展"i吃"平台的服务功能，不仅可以为学生提供更为优质的餐饮服务，还可以为高职家庭困难学生提供勤工俭学的工作。

综上所述，传统高职餐饮服务管理模式存在较多不足，导致食堂就餐学生的体验不佳，需要积极进行改进。通过本节的分析可知，高职食堂需要认识到互联网在学生生活中的重要地位，结合食堂的实际情况和学生的用餐需求，构建网络餐饮管理平台，为学生提供线上订餐服务，节约学生在食堂排队的时间，有助于高职餐饮服务水平的提升，促进高职食堂的可持续发展。

第七节　互联网时代下学生党员档案管理

"互联网＋"与传统行业的融合，促进了新时代下各行业的发展，学生党员档案管理在一定程度上可以与"互联网＋"结合，优化管理状况。本节分析了学生党员档案管理目前存在的问题，并设计学生党员档案管理系统以期解决现有问题，同时阐述了"互联网＋"时代学生党员档案管理具有的优势，旨在提高高职学生党员档案的管理水平。

在学生党员队伍日益庞大的同时，学生党员档案的数量也急剧增加。高职学生党员档案主要包含从申请入党成为入党积极分子，到教育培养吸收为预备党员，再到申请转正成为正式党员以及组织奖励、惩罚等学生党员发展过程中形成的原始材料，是学生党员思想政治品质成长轨迹的见证和一段重要政治生命的缩影。因此，高职应该对学生党员档案的管理给予足够的重视。构建系统全面、富有特色的学生党员档案，形成科学合理、务实管用的学生党员档案管理模式，积极探究、充分发挥学生党员档案的作用，建立健全学生党员网络信息化档案平台，是做好新形势下高职学生党建和思想政治工作，培养教育和管理服务好学生党员的关键和重点。

一、高职学生党员档案管理存在的问题

目前，高职学生党员档案的原始材料都是纸质版，大多与学籍档案共同存放，存在重收藏、轻利用、查询利用不便等问题。究其原因，大致有如下几点：

第一，学生群体对党员档案的重要性认识不足。党组织在学生上党课期间，更多的是带领学生认真学习党史、党章，对其进行思想层面的教育，期待其理论素养的提升。而对最基本的党员材料撰写规范、保管重要性方面的教育，有疏忽遗漏的现象。这就导致很多入党积极分子、预备党员和正式党员在撰写相关材料时无规可依，往往是拿前辈的例子作为示范，以致造成更多的偏差。这种源头上的不规范导致学生党员对党员档案的重要性认识不够，而重要性认识的匮乏给学生党员档案的收集、整理和保管带来了很大的阻碍。

第二，基层学生党支部的负责人更换频繁。基层学生党支部的负责人基本由学生党员代表担任，存在前后更迭频繁、工作交接频繁、新上任的负责人缺少工作经验等现象，也在一定程度上铸就了学生党员档案收集不规范的现象。

第三，传统纸质档案不便查阅。目前，学生党员档案的物质载体都是纸张，并存放于学校档案馆。师生需要查询信息时，本人要前往档案馆，凭借有效证件进行调阅查询。另外，每位正式党员都拥有一份党员材料表，里面包含入党申请书、思想汇报、公示情况等信息。在查阅过程中，档案保管人员要来回翻阅，抽取待查资料，这个过程不仅会导致纸张破损，而且缩短档案的寿命。

考虑到学生党员档案管理存在的这些问题，笔者认为非常有必要将学生党员档案管理也纳入档案数字化工程，使其成为档案数字化工程的一部分。这也是"互联网＋"学生党员档案管理的前期准备，即将纸质版的党员档案进行数字化处理。

档案数字化的方法主要有五种：一是纸质档案的扫描；二是缩微拷贝片的扫描；三是数码相机的拍摄（包括非纸质档案）；四是激光三维立体扫描；五是音频、视频档案的数字化采集。学生党员档案的数字化可以采取对纸质档案的扫描，形成扫描件，以对应文件

名称和身份证号为扫描件命名，保存在数据库中。这就对纸质档案进行了电子化转变，以便"互联网 +"学生党员档案管理的实现。

二、"互联网 +"学生党员档案管理具体的实现

为了有效改善上述现状，克服现有问题，高职可以搭上"互联网 +"的便车，通过建立学生党员档案线上管理系统实现"互联网 +"学生党员档案的管理。

（一）学生党员档案管理的结构设计

此系统拟计划根据党员发展进程和关键性事件分为五个模块，分别为党员的基本信息查询模块、党员材料模块、党费缴纳模块、学习模块和邮寄跟踪模块。

第一，党员基本信息查询模块。该模块包括入党时间、发展为预备党员的时间、转正时间、党费缴纳记录等。

第二，党员材料模块。该模块涉及党员发展及转正后的所有材料扫描件，包括思想汇报、自传、申请书、评优材料等。通过模块，可以清楚地了解该生的党员发展历程，以便于考查其最新的思想动态。

第三，党费缴纳模块。该模块利用网上银行，轻松办理党费缴纳手续，省去一级级向上缴费的烦琐程序。

第四，学习模块。该模块主要是根据当前党内形势，做出科学合理的划分，例如，可以设置"两学一做""学习习近平总书记系列重要讲话""党内大事件"等主题。通过该模块的设置，方便为学生党员设置阶段性学习的任务，使学生党员不断学习、进一步向党内生活靠近；杜绝一旦转为正式党员，就远离党员生活的现象。学习模块的设置将线上党内活动与学生党员的自我教育有效结合，是学生党员档案管理的延伸，让学生党员时刻铭记自己的身份、担当与责任。笔者认为，只有将档案的"静"与学习活动的"动"相结合，才能更好地激发学生党员的活力，促进学生党员不断批评与自我批评，做一名优秀的中国青年，成为一名合格的中国共产党。

第五，邮寄跟踪模块。顾名思义，该模块是为了方便毕业生党员材料的邮递情况查询，该模块实时收录了每份党员材料的 EMS 单号，链接快递物流信息，实时更新数据库，以便毕业生党员清楚地掌握自己的档案邮寄情况。

（二）实现学生党员档案管理系统的工具和技术

开发工具采用 Microsoft Visual Studio 2015。数据库则选取 Oracle 数据库，Oracle 数据库不仅能够存储海量数据，还能够在低档软、硬件平台上用较少的资源支持更多的用户，而在高档平台上可以支持成百上千个用户，还提供了基于角色（ROLE）分工的安全保密管理，其安全性和稳定性都比 SQL Sever 好，不足之处是成本较高。使用 C# 和 html5 开发语言。框架采用 MVC（Model View Controller）+WebApi；静态资源可用 CDN（Content

Delivery Network）推送，加快页面的访问速度；党员材料的扫描件通过单独建立图片服务器，从而达到缓解 IIS（Internet Information Services，互联网信息服务）压力的目的；党费缴纳模块与邮寄跟踪模块采取调用第三方提供的接口，获得实时更新的数据；Redis（Remote Dictionary Server，远程字典服务）作为缓存服务器，可将用户登录信息，以及常用的资源放到缓存服务器中，加快系统的访问速度。

三、"互联网 +"学生党员档案管理的优势

"互联网 +"学生党员档案管理符合师生利用需求的大势所趋。与传统的学生党员档案管理模式相比，"互联网 +"学生党员档案管理的优势如下：

第一，保护纸质版档案。党员材料的数字化，能够有效减少人为查阅的机械损伤，降低原始材料的利用率和受损速度，对纸质版档案起到良好的保护作用。

第二，便于学生党员异地查询信息。学生党员档案管理系统能够满足多用户异地查询的需求，免去到档案馆进行人工查询的奔波辛苦。查询模块可设置登录权限，能有效避免擅自查询他人信息的现象，计算机技术能够保证党员档案材料的保密性。

第三，有利于学生党员的批评与自我批评。党员材料模块收集了学生成为一名正式党员历程中各个时期的思想汇报，而这些思想汇报能够呈现学生在某时某地的思想觉悟和理论水平，通过学生党员档案管理系统，学生还可以随时查看自己的历史面貌，发现自己的不足。传统纸质版档案往往是学生撰写好某一阶段的思想汇报后，立刻上交到党支部进行保管；后期学生如果没有特殊需求，一般不予随意翻阅。随着时间的推移，学生很可能忘记自己是从何而来，自己身上曾出现的问题，不利于学生党员进行正确的自我评价。

除了能够便捷地与过去的自己对话，"互联网 +"学生党员档案管理将使得传统的管理模式走向开放化，将党员档案管理与开放的互联网相连，充分利用网络信息，通过学生党员档案管理系统的学习模块，使党员档案与时代挂钩，使学生党员档案充满活力。在学习模块，学生党员能够汲取新知识；在新知识面前，能够回顾之前的思想汇报。在同一系统中的快速转换，便于学生党员将过去的自己与如今我党对青年共产党员的需求做对比，从而不断改正自身缺点，改善不足，将自己的所长与祖国需要融合在一起，使自己成长为一名合格的共产党员。

高职党员档案管理是一项系统化工作，既需要党员本身强化意识，也需要档案管理工作人员不断努力；既需要科学严谨的档案管理方法，也需要加强考核监督指导。"互联网 +"学生党员档案管理下的学生党员档案管理系统是档案管理工作人员的有效工具，是学生党员不断提高党员素养的有力武器，同时也是档案管理工作人员与学生党员之间联系的纽带。我们不可否认"互联网 +"下的学生党员档案管理工作变革的优越性，也不可忽视新事物产生背后的隐患，我们需要更为先进的计算机和网络技术来保证数字化党员档案的安全性，也需要更完善的法律体系去规范"互联网 +"学生党员档案管理行为。

第八节　互联网时代下高职学生生活园区治理

伴随着"互联网""物联网"等新信息技术的飞速发展，新信息技术与高职学生生活园区治理的融合已是大势所趋。新信息技术对高职学生生活园区治理的影响巨大，为学生的公共空间分配和园区内部设施管理提供了创新思路，同时，也发展出了高职学生生活园区治理的新型路径。"多位一体"的管理方法、大数据的合理运用等均是创新的选择。

传统管理模式在当今互联网时代已不具优势，党的十九大报告指出要"善于运用互联网技术和信息化手段开展工作"。运用互联网治理高职学生生活园区存在多方面好处，如方便快捷、省时省力、公开透明等。高职利用互联网、物联网等新信息技术可为学生提供一个安全、舒适、便捷的现代化、智慧化生活园区。

一、施行"多位一体"的管理方法，实现园区全方位协同治理

"多位一体"是以独立学生组织和学生园区自治组织为主，以辅导员教师组织、学校安全管理人员组织和宿舍管理人员组织等其他组织为辅的全方位动员的学生生活园区管理模式。"多位一体"的学生生活园区管理模式的实施，可以协调多个学生生活园区管理组织，形成园区治理系统，使园区各主体协同参与、同步工作。针对园区治理的各种"疑难杂症"，多个组织更易形成一股强大的力量。独立学生组织和学生园区自治组织可由负责园区治理的人员担任领导，带领辅导员教师组织、学校安全管理人员组织、宿舍管理人员组织等其他组织的相关负责人，形成"多位一体"的组织核心。在"多位一体"的多元共治过程中，需要学校安全管理人员、宿舍管理人员密切注意学生生活园区的各项细节，以学生生活园区满意度的提高为工作宗旨，将生活园区的安全和稳定秩序作为工作最低目标。与此同时，独立学生组织和学生园区自治组织要及时与生活园区学生沟通交流并提供丰富的体育文化活动。独立学生组织和学生园区自治组织的领导团体要密切关注园区各小组的工作，并妥善利用互联网在后方统筹全局，使整个组织的力量最大化。

二、创建园区治理实时数据系统，形成园区管控综合服务体系

"互联网＋"时代让大型数据计算和"云计算"服务高职学生生活园区成为可能。这需要构建园区综合治理系统，用以实施网络云治理、云监控、云视察，并建立数据库，利用网络管理学生宿舍，记录学生是否留校、是否晚归、是否不归等信息，还需定期进行更新，及时将数据储存至云端，使园区所有数据信息化，实现从宿舍对应到人的精细化管理、从"互联网＋"到宿舍的智能化服务。为了保障高职学生生活园区安全，还需要完善学生与园区管理者对话的平台，使每个学生都可以直接向园区管理者进行事务咨询、问题反馈、

投诉建议。管理者根据学生反馈的问题，分门别类与学生进行线上沟通，并在沟通后安排服务人员迅速做出反应。在必要时，技术工作人员也可以开发机器人服务程序以应对咨询人数过多的情况；还可以创建大学生社区讨论板块，将学生遇到的不同的问题反馈到讨论区；也可将在社区内遇到的新鲜事、趣事分享到社区中，以供他人浏览。同时，高职必须安排网络安全维护人员和高职学生网上社区管理员，以保障网络系统的稳定性和网上沟通的健康性，要及时删除网络社区中极端的和不利于学生身心健康和园区和谐稳定的言论。

三、开发园区文化发展平台，形成园区特色娱乐文化活动

高职可以通过"互联网＋"开发以公园为主题的文化和教育平台，使之可以快速地实现信息传递、信息交换，并进一步地加强园区的文化和教育功能。通过互联网上有关文化教育的宣传和各种媒体的报道为高职学生课下文化教育活动铺平道路。信息在互联网上的快速、有效地传播，可以为园区里的文化活动预热造势，这对园区学生参与活动积极性的提升大有裨益，也能提高学生对园区的认可度。如"园区艺术节""园区文化节"等多项活动很受欢迎，要归功于前期制作方在社交媒体上不遗余力的宣传，使活动众所周知，同时提高了参与者的新鲜感。

四、创建园区生态服务体系，实现园区的绿色发展

高职可以依托"互联网"这个平台，利用其高效、绿色、便捷的优势，在园区内建设生态公益服务圈；通过调查，与高职学生生活园区外的公益志愿者进行合作，在园区通过官方网络平台获取信息，招募并培训有意为园区服务的志愿者，使得园区活动公益化、规范化、生态化，促进生态公益服务圈的健康发展。与此同时，通过爱心服务站的在线工作、园区安全信息网络的建立和跳蚤市场的规范化，把传统的高职学生生活园区整合到"互联网＋"趋势中，在线征求、宣传、线下服务、沟通、培训，线上线下协同工作，促进节约型校园建设，促进园区绿色地发展。

总而言之，高职应将传统的高职学生生活园区管理工作融入"互联网＋"的大环境下，推行"多位一体"的生活园区管理服务，区分线下、线上管理模式。高职管理人员应巧妙运用互联网合理调整高职学生生活和园区管理工作，将整个高职学生生活园区整合成一张严丝合缝的"大网"，使高职学生在"大网"的笼罩下安全、便捷地享受生活，让园区管理人员轻松、愉悦地享受工作。

参考文献

［1］刘建新，等.大学生生涯辅导［M］.上海：上海交通大学出版社，2006.

［2］杨加陆，方青云.管理创新［M］.上海：复旦大学出版社，2003.

［3］张正钊.行政法与行政诉讼法［M］.北京：中国人民大学出版社，1999.

［4］张大均，等.大学生心理健康教育［M］.重庆：西南师范大学出版社，2004.

［5］姜尔岚，吴成国.新编大学生就业实用指导［M］.成都：电子科技大学出版社，2004.

［6］侯书栋，吴克禄.高职学生管理中的正当程序［J］.高等教育研究，2004（9）.

［7］姚木远，李华，张旭东.对我国高职学生奖惩制度的调查研究［J］.重庆大学学报（社会科学版），2005，11（1）.

［8］胡建军.高职学生社团存在的问题与思考［J］.黑龙江高教研究，2005（9）.

［9］林福兰.社会信息化对学校德育的影响与教育对策［J］.中国教育学刊，2001（2）.

［10］王伯军，邢广梅.网络时代思想政治教育初探［J］.思想·理论·教育，2001（8）.

［11］卢跃青.网络环境下学校德育探析［J］.教育理论与实践，2001（6）.

［12］林晓梅，陆永平.网络文化与大学生道德教育［J］.江苏高教，2000（4）.

［13］李庆广.高职计算机网络建设对大学生伦理道德的影响［J］.河南师范大学学报（哲学社会科学版），1999（5）.

［14］张耀宇，赵丽萍.信息化背景下高职学生管理创新研究［J］.当代教研论丛，2017（3）：83-84.

［15］薛琳.大数据时代高职学生管理工作信息化的创新研究［J］.福建质量管理，2016（5）：4.

［16］郭登权.浅谈数字信息化背景下高职档案管理的创新［J］.时代教育，2016（2）：103.

［17］于曦，牛吉荣.高职学生管理信息化建设研究［J］.中国管理信息化，2012，15（13）：45-46.

［18］万辉.大数据在高职学生管理工作中的应用［J］.高职辅导员学刊，2014（4）：48-51.